공유

"관계적 존재의
사랑 방식"

공 유

박신현 지음

은행나무

공유하는 것은 우리의 의무다To share is our duty.
— 버지니아 울프Virginia Woolf, 〈몽테뉴Montaigne〉 중에서

"사랑은 무엇이라고 생각합니까?" 라디오 진행자가 한 프랑스 여가수에게 이 어려운 질문을 던지자 그녀의 대답은 의외로 간단하고 명료했다. "공유입니다." 나에게 이 정의는 진실이다. 우리가 누군가와 사랑을 시작할 때는 그 사람과 무엇인가를 함께 나누기 시작할 때고, 우리의 사랑이 끝날 때는 더 이상 그 사람과 함께 나눌 것이 남아 있지 않을 때다.

'사랑은 공유다'라는 명제에서 주어와 서술어의 위치를 바꾸어보면 어떨까? '공유는 사랑이다.' 나는 이 정의 역시 진실이라는 이야기를 풀어놓고자 한다. 지성적·경제적·공간적·예술적·육체적·영적인 나눔은 모두 사랑이다. 사랑의 다양한 형태이자 구체적인 실천들이다. 나는 다채로운 방식들로 수행되는 공유라는 이름의 사랑을 음미해 보려 한다.

버지니아 울프는 에세이 〈몽테뉴〉(1925)에서 소박한 이웃들과 사소한 것들에 대해 편하고 솔직한 담소를 즐길 수 있는 사람은 축복받았다고 표현한다. "소통하는 것이야말로 우리의 주된 본분이다. 교제와 우정이 우리의 주된 기쁨이다. 독서는 지식을 획득하거나 생활비를 벌기 위해서가 아니라 우리 자신의 시대와 지역 너머까지 우리의 교제를 확장하려는 것이다. 그런 기적들이 세상에 있다. (……) 소통은 건강이고 소통은 진리며 소통은 행복이다. 나누는 것이야말로 우리의 의무다." 그녀는 경계를 넘어서는 소통과 교제를 이 세상에 존재하는 "기적들"이라고 묘사하며, "소통하는 것은 우리의 주된 본분"이고 "나누는 것은 우리의 의무"라고 강조한다. 코로나 사태를 겪으면서 우리는 이러한 사교와 우정, 소통과 공유가 일상의 "기적들"로서 얼마나 소중한지 생생히 깨달았다. 책, 방송, 전화, SNS 등을 통해 시간과 지역의 경계를 뛰어넘는 소통과 공유가 우리를 살렸고, 우리는 그 무한한 가치에 감사하게 되었다.

인류의 삶은 코로나 이전과 이후로 나뉠 것으로 보인다. 세계대전 이후에 인류의 삶이 돌이킬 수 없이 달라졌듯, 코로나 이후 전 세계 사람들은 이전과는 다른 삶을 살고 있다. 이 크나큰 상흔을 어떻게 치유할 것인가. 나라와 가정과 개인이, 경제, 교육, 의료 등 각 사회 분야가 앞으로 어떻게 변화해나가야 할지 모두 함께 고민할 것이다. 코로나 사태가 초래한 격리와 단절은 인간 사이에 본질적인 연결과 존재의 공유가 필요함을 반증했다. 우리는 서로 연결되고, 접촉하고, 만지고, 느껴야만 하는 인간 존재의 본질을 회복해야만 한다는 사실을 깨닫고 있다. 몸의 공유는 우리의 본질이기 때문이다. 특히 사랑하는 사람의 몸을 만지는 행위는 우리에게 특별한 의미가 있다.

사랑을 뜻하는 그리스 단어에는 아가페agape, 필리아philia, 에로스eros가 있다. 에로스는 성적인 사랑 또는 열정적인 사랑을 뜻한다. 아가페는 신적인 사랑이다. 아가페는 감정이나 욕구가 아니라 의지의 실천, 의도적인 선택이다. 신약성서는 이를 근거로 우리에게 원수도 사랑하라고 명령하는 것이다. 아가페는 느낌과 감정보다는 순종과 헌신과 관련이 있고, 필리아는 친밀한 교제와 강한 우정을 뜻한다. 누군가에게 특별한 관심과 애정을 갖는 것으로, 필리아는 강한 감정적 결합을 암시한다.

사실 변함없고 조건 없는 보편적 사랑인 아가페와 개인적 애착에 기초한 교우관계를 뜻하는 필리아는 쉽게 구분될 것 같지만, 우리는 일상에서 동일한 대상에 대해 이 두 종류의 사랑이 혼재돼 있는 것을 경험한다. 요한복음 21장에는 죽음으로부터 부활한 예수 그리스도가 베드로에게 나타나, 사람들 앞에서 그를 세 번이나 부인했던 제자 베드로에게 자신을 사랑하느냐고 세 번 묻는 대목이 있다. 그리스도는 베드로에게 두 번은 '아가페'의 의미로, 세 번째에는 '필리아'의 의미로 사랑을 묻는다. 반면 베드로는 세 번 모두 '필리아'의 의미로 사랑한다고 답한다. 예수와 베드로 사이에는 신과 인간의 사랑, 진정한 친구이자 스승과 제자의 인간적 애착이 혼재돼 있기 때문이다.[*]

로츠J.B. Lotz는 인간의 삶이 육체적 단계, 정신적 단계, 신적 단계라는 삼위일체성을 지니듯이 사랑의 세 양식인 에로스, 필리아, 아가페는 상호 간 삼투작용 속에서 각자 고유한 방식으로 총체적 사랑에 공헌한다고 설명한다.[**] 감각-본능적 사랑인 에로스, 정신-인격적 사랑인 필리아, 신적-은총적 사랑인 아가페는 서로를 배제하는 관계가 아니라 서로를 필요로 하는 상호보완적 관계라는 것이다.

에로스는 육체적인 사랑과 배타성을 전제한다는 점에서 아가페나 필리아와는 뚜렷하게 구분돼 보이기도 한다. 몸의 나눔은 에로스의 가시적인 특성이다. 몸의 긴밀

---

[*] 기사 「Four Kinds of Love」-〈Truth or Tradition〉 2013년 8월 9일 게재 참조.

[**] 로츠의 사랑론은 권기철, 「에로스-필리아-아가페-로츠(J. B. Lotz)의 사랑의 세 단계-」, 《가톨릭철학》 제4권, 2002, 151~185쪽 참조.

한 접촉은 에로스의 향유에 있어 중심을 이룬다. 하지만 몸의 긴밀한 접촉은 아가페나 필리아 등 다른 형태의 사랑에서도 중요하다. 부모자식·형제자매·친구 사이에 나누는 다정한 포옹과 따듯하게 맞잡은 손은 깊은 사랑과 위안을 전해준다. 그리스도는 병자를 치유할 때 진흙을 발라주는 등 가급적 아픈 사람을 만져주었다. 제자들과 관계를 형성할 때는 발을 씻겨주는 등 신체 접촉이 있었다. 몸의 나눔과 공유는 모든 종류의 사랑에서 필수적인 것이다. 우리는 팬데믹 시대의 격리와 단절을 겪으며 몸을 나누는, 사랑을 원하는 존재의 본질에 다가가는 역설을 경험한다.

보통 에로스는 시각적 아름다움과 관련된 것으로 여겨져 왔지만, 쓰다듬고 만지는 촉각적인 행위인 애무를 통해 에로스에 접근한 철학자가 있다. 바로 에마뉘엘 레비나스Emmanuel Lévinas다. 그는 시선은 타자에 대한 주도권이나 장악력의 행사이므로 시각 중심적인 접근에 문제가 있다고 본다. 대신 사랑하는 이들 사이의 관능적인 촉각 작용인 애무에 집중한다. 레비나스에게 연인 사이의 애무는 단순한 촉각적 행위 이상의 것이다. 애무는 애인에게 직접적으로 다가서는 몸짓으로, 이는 애인에 대한 위로이자 보이지 않는 것을 찾아 헤매는 갈구다.* 따라서 레비나스는 그 사랑의 몸짓은 단순한 감각적 행위를 초월해 보이지 않는 무엇을 향한다는 점에서 형이상학적 의미를 지닌다고 해석한다.

물론 에로스적 관계뿐 아니라 모든 형태의 사랑에서 우리는 사랑하는 이를 만지고 안으면서 상호주체성을 상기하게 된다. 데이비드 매켄지David MacKenzie 감독의 영화 〈퍼펙트 센스Perfect Sense〉는 2011년 영화이지만 팬데믹 시대에 새롭게 감상해볼 만한 작품이다. 원인을 알 수 없는 감염병이 전 세계에 퍼지면서 사람들이 오감 중 촉각을 제외한 후각, 미각, 청각, 시각을 차례로 상실해간다. 이런 세상에서 에바 그린Eva Green이 연기한 전염병학자 수전Susan과 이완 맥그리거Ewan McGregor가 연기한 요리사 마이클Michael이 나누는 격렬한 에로스가 이 영화의 주된 내용이다.

감염병의 세계적 유행으로 도시가 봉쇄되고 사람들이 가정에 격리되는 모습은 낯설지 않다. 이 영화에 나오는 감염병의 독특한 증상은 강렬한 감정의 변화가 먼저 찾아온 뒤 육체적 감각을 상실하게 된다는 점이다. 이는 감각의 상실이 정신과 신체에 유발하는 치명적인 변화를 효과적으로 보여준다. 감염병에 걸린 사람은 먼저 슬픔에 휩싸인 뒤 냄새를 맡지 못하게 된다. 더 큰 문제는 냄새가 불

*　레비나스의 에로스론은 김연숙, 「레비나스의 에로스론 연구」, 《동서철학연구》 제71호, 2014, 489~509쪽 참조.

러 일으키는 모든 기억을 상실하게 된다는 점이다. 뇌에 냄새와 기억이 연결돼 있기 때문이다. 그다음으로 공포와 극심한 배고픔에 시달린 뒤 맛의 감각을 잃는다. 수전은 창밖을 내다보며 세상이 여전히 그곳에 있고, 사람들이 각자 일터로 향하고 있다고 마이클에게 신기한 듯 말한다. 연결된 화학적 감각인 후각과 미각이 사라지자 마이클의 식당 동료는 사람들이 더 이상 식당을 찾지 않을 거라며 비관하지만, 마이클의 말대로 그래도 "삶은 계속된다."

곧이어 분노와 미움에 휩싸인 뒤 귀가 들리지 않게 되자 사람들은 공격적으로 변한다. 도시는 아수라장이 되고 두 연인도 서로에게 상처를 준다. 매켄지 감독은 주인공이 청각 상실을 겪을 때 관객들도 들리지 않는 경험을 직접 해보도록 음향을 잠시 완전히 지워버린다. 소리가 들리지 않는 동안 필자는 세상이 사라져버린 듯한 먹먹함을, 세상과 완전히 차단돼버린 듯한 충격을 경험하면서 청각 장애인들이 겪는 소통의 어려움에 대해 생각하기도 했다.

마침내 시각적 어둠이 찾아올 무렵 수전과 마이클은 재회하는데, 다른 감각들이 사라져버린 상태에서 두 사람은 남은 촉각만으로 서로에게 다가가 만지면서 따듯함과 이해심, 받아들임과 용서, 사랑을 전할 수 있길 갈망한다. "그들은 키스한다. 그리고 서로의 뺨에 흐르는 눈물을 느낀다. 누군가 그들을 볼 수 있다면, 그들은 서로의 얼굴을 애무하는 평범한 연인처럼 보일 것이다. 주위 사람들은 안중에 없이 서로 몸을 밀착시킨다. 두 눈을 감은 채 그들을 둘러싼 세상을 의식하지 못한다. 왜냐하면 그렇게 삶은 계속되기 때문이다."

수전의 잔잔한 내레이션으로 끝나는 이 이야기는 팬데믹 시대에 잃어버릴 수 있는 관계와 만남의 본질을 성찰하게 한다. 우리의 주체성은 타인과의 관계에서, 몸과 몸을 나누는 감각에서 구성되지만 팬데믹 상황에서는 신체적 접촉을 차단하는 것이 사랑의 실천이다. 하지만 오히려 이를 계기로 우리는 우리 존재의 본질적 관계성을 다시 음미해봐야 한다. 공유는 우리 존재의 관계성에 기인한다. 우리 존재는 관계성으로 구성되기 때문에 무엇인가를 공유하기를 원하고 공유를 통해 존재를 실현한다. 공유는 관계적인 존재가 실천하는 사랑이며 능동적 창조 행위다. 따라서 주변에서 일어나는 공유 현상을 돌아보고, 그 이유와 동기를 탐색하는 것은 우리 실존의 절대적 관계성에 대한 흥미로운 접근이 될 것이다.

이 책에서는 관계적 존재론relational ontology에 근거하여 공유의 현상과 의미를 분석하려 한다. 이를 통해 공유는 관계적 자아relational self가 자신을 적극적으로 실현하고 창조적으로 확장해나가려는 실천임을 느끼게 될 것이다. 관계적 자아 안에서는 존재론과 타자를 향한 윤리학이 만나게 된다. 페미니스트 이론가 이와 지아렉Ewa Plonowska Ziarek은 육체의 윤리적 의미는 타인을 만지고 타인을 느끼려는 그 단순한 시도 안에서 접촉과 감수성의 형태로 구체화된다고 설명한다.* 애무의 사랑을 강조하는 레비나스에게 윤리적 주체는 육체에서 분리된 이성적 주체가 아니라 타자와의 인접한 관계에 반응하는 육체화된 감수성이다. 레비나스에게 자아는 육체화된 자아, 즉 '피부 속의 존재being in one's skin'며, 이는 '자신의 피부 안에 타자를 지니는 것having-the-other-in-one's-skin'을 의미한다.** 우리는 육체화된 관계의 완전한 상호성 앞에서 타인에 대한 책임에서 벗어날 수 없다는 것이다.

　　최근 신유물론 페미니스트들과 생태비평이론가들은 존재의 관계적 모델을 급진적으로 주장하는 경향을 보인다. 캐런 바라드Karen Barad, 스테이시 앨러이모Stacy Alaimo, 낸시 투아나Nancy Tuana, 서필 오퍼만Serpil Oppermann 같은 연구자들은 모두 본질적 경계를 지니지 않은 채 환경과 서로 끊임없이 주고받고 다른 몸들과 역동적으로 상호작용하는 신체를 개념화한다. 이 개념들은 한 개

---

*　　Ewa Plonowska Ziarek, 《An Ethics of Dissensus》, Stanford University Press, 2001 참조.

**　　Karen Barad, 《Meeting the Universe Halfway》, Duke University Press, 2007, pp. 391~392 참조.

체는 언제나 다른 개체들과 상호작용하면서 구성될 수밖에 없다는 존재의 분리불가능성을 웅변한다. 나의 존재가 항상 다른 존재들에게 침투당하고 얽혀 있다는 사실을 포용함으로써 다른 사람들, 나아가 비인간 존재들을 위하고 돌볼 수 있게 되길 기대하는 것이다.

공유는 이러한 관계적 자아가 존재의 관계성을 적극적으로 노출하는 사건이다. 공유하길 원하는 자아는 주체의 상호관계성을 능동적으로 발현하고 다른 주체들에게도 관계적 존재성을 생산적으로 실현하려는 의지를 불러일으키는 창조적인 자아다.

이 책의 1장에서 4장은 각각 지식의 공유, 공유의 경제, 공간의 공유, 예술의 공유라는 공유의 실천적 현상을 상세히 음미한다. 5장과 6장에서는 우리가 존재를 공유하는 관계적 존재라는 진실을 다양한 학문적 논의 안에서 확인해본다. 5장은 현대물리학과 생태학, 6장은 윤리학과 신학, 신유물론 페미니즘의 관점에서 존재의 관계성을 입증하며 우리는 사랑하기 위해서, 즉 공유하기 위해서 태어난 사람들이라는 진실에 다가가려 한다.

지식을 공유하는
창조적인 일상

집단지성의 탄생, 내가 알지 못하는 지식을 가진 당신

타자란 누구인가? 타자는 내가 알지 못하는 지식을 가진 사람이다. 이는 집단지성collective intelligence 개념을 처음으로 제안한 사회학자 피에르 레비Pierre Lévy가 내린 정의다. 집단지성은 "누구도 모든 것을 알지 못하고, 모든 사람이 무엇인가를 알고, 지식 전체는 인류 안에 있다"라는 명제에서 출발해 인간이 서로의 가치를 인정하며 함께 풍요로워지는 것을 목적으로 삼는다.* 사실 타인과 나는 다르기 때문에 나의 능력과 그의 능력을 합치면 고립돼 있을 때보다 서로가 지닌 존재의 힘이 커질 수 있다. 타자는 나와 마찬가지로 어느 정도의 지식을 소유하고 많은 것을 모르는 사람이지만 서로 겹치지 않는 경험 영역이 있어 내 지식을 더 풍부한 것으로 만드는 원천이 된다.

이런 설명은 거창하게 들리지만 요즘 우리에게 집단지성에 참여하는 것은 자연스러운 일상이다. 우리는 고급 레스토랑에서 즐긴 비주얼이 근사한 요리를 사진 찍어 인스타그램에 올리고 네이버 맛집에 평점과 리뷰를 남긴다. 최근 개봉한 영화를 볼지 말지 결정하기 전에 전문가와 일반인의 다양한 평론이 실리는 '로튼 토마토Rotten

---

*   레비의 집단지성에 대한 내용은 피에르 레비 지음, 《집단지성: 사이버공간의 인류학을 위하여》, 권수경 옮김, 문학과지성사, 2002 참조.

Tomatoes'나 '왓챠'에서 눈에 띄는 코멘트를 먼저 살핀다. 감명 깊게 읽은 책은 혼자 보기 아까워 몇 구절을 인용하며 자신의 블로그에 간단한 서평도 남기고, 늦게 배운 '덕질'에서 생활의 활력을 얻기도 한다. 심심풀이로 좋아하는 가수의 팬 카페에 가입했더니 회원들이 환영해주는 것은 물론 하트와 댓글도 아낌없이 달아준다. 무엇보다 팬 커뮤니티는 아티스트와 그를 둘러싼 문화 현상 전반에 대한 엄청난 정보를 축적하고 있고, 가장 빠른 속도로 새로운 소식을 전달해주는 지식의 보고라는 점에 감탄하게 된다. 또 여러 커뮤니티에 드나들며 이용자들만의 특이한 언어 사용과 독특한 문화에 적응해가는 재미도 맛본다.

이 모든 커뮤니티 안에서 우리는 사회적 계층이나 지위를 염두에 두지 않고 익명의 사람들과 친절과 호의를 주고받으며 혼자서는 도저히 할 수 없는 일들이 성취되고 있음을 경험한다. 이런 것이 집단지성이다. 레비는 집단지성이란 "어디에나 분포하고 지속적으로 가치가 부여되며 실시간으로 조정되고 동원되는 지성"이라고 정의한다. 오늘날 디지털 통신 기술은 이러한 집단지성을 촉발시키는 중개자며, 사이버 공간은 '지식의 공간'이 되고 있다. 레비에 따르면 이런 '지식의 공간'에서 '나'는 직업이나 사회적 지위로 타자를 만나지 않고, 내 능력의 원천인 지식의 꽃다발로 만난다고 설명한다. 물론 나 역시 내 사회적 지위나 처한 상황이 어떻든 내 삶의 경험을 통해 타인들에게 지식의 원천이 된다. '지식의 공간'에서 각 개인은 대체 불가능한 긍정적인 가치를 갖고 있는 존재며, 개인적 차이는 집단적인 풍요로 변환된다는 것이다.

경제학자 하이에크F. A. Hayek는 1945년에 발표한 논문 「사회 속 지식의 사용The Use of Knowledge in Society」에서 특정 사안과 관련된 모든 지식이 결코 한 사람에게 주어지지 않기 때문에 문제를 해결하려면 여러 사람에게 흩어져 있는 지식을 사용해야만 하고, 각자 파편적 지식만 소유한 사람들의 상호작용에 의해 해결책이 생산된다고 논술했다.* 그는 지식은 결코 완전하고 집중된 형태가 아니라, 분리된 개인들이 소유하는 지식의 분산된 조각들로 존재하므로 합리적 해결책은 사회 구성원 중 누군가에게 알려진 자원을 최상으로 사용할 방법을 찾는 문제라고 한다. 하이에크는 인류가 인터넷이란 도구를 찾아내기 전에 이 글을 썼지만, 인터넷은 그가 말한 대로 흩어져 있는 지식을 한곳에 모으는 융합의 시대를 가져왔다.

인터넷이 등장하기 훨씬 전에 '보이지 않는 대학the invisible college'이 있었다. 17세기 중반 영국에는 옥스퍼드

---

* F. A. Hayek, 「The Use of Knowledge in Society」, 《The American Economic Review》 vol. 35, no. 4, 1945, pp. 519~530 참조.

나 케임브리지처럼 고풍스런 건물과 체계적인 조직을 갖춘 공식 대학 말고도 지적 호기심, 창의성, 열린 마음을 가진 뛰어난 아마추어 연구자들이 커피 하우스 같은 제3의 공간에서 만나 토론하고 의견을 교류하는 모임이 있었다. 이를 '보이지 않는 대학'이라고 불렀다.* 구성원들은 연구 결과를 편지 등 다양한 수단으로 공유해 화학·생물학·천문학·광학 등 다양한 분야에서 큰 업적을 세웠고 공기 펌프, 현미경, 망원경 등 여러 실험 도구를 발명하거나 개선했다. 위대한 과학자 로버트 보일Robert Boyle도 커피 하우스에 들러 다른 연구자들과 토론을 즐겼으며, 보일을 중심으로 한 자연철학자들의 '보이지 않는 대학'은 많은 연구 성과를 거두었고, 이는 영국왕립학회Royal Society가 설립되는 데 기여했다. 보이지 않는 대학 회원들은 서로 존중하고 소통하며 각자의 연구 방법과 결과를 나누었기 때문에 연구를 효율적으로 발전시킬 수 있었다.

'보이지 않는 대학'의 존재와 성과는 공통의 관심사를 지닌 개인들이 업무나 연구 공간이 아닌 제3의 공간에 자발적으로 모여 각자의 지식을 공유하고 협력하면서 하

---

* 보이지 않는 대학에 대한 내용은 제프 하우, 《크라우드소싱》, 박슬라 옮김, 리더스북, 2012, 52~53쪽과 최영, 《공유와 협력, 소셜 미디어 네트워크 패러다임》, 커뮤니케이션북스, 2013, 11쪽, 85쪽 참조.

나의 집단지성을 이루어 큰 능력을 발휘할 수 있음을 입증한다. 21세기를 사는 우리들은 인터넷이라는 발명품을 통해 일상 속에서 이 현상을 늘 경험하고 있다. 더 이상 지식의 생산은 미디어 기업이나 전문 지식인만 독점하지 않는다. 일반인들은 모두 지식의 소비자면서 동시에 지식의 생산자로 거듭나고 있다.

전문가든 아마추어든 개인이 자유롭게 지식과 생각을 공유할 수 있는 '블로그'의 발명은 다양한 정보와 아이디어들이 연결될 수 있게 만들었다. 각각의 개인은 단지 자신의 블로그를 꾸리는 것이지만 거대한 커뮤니케이션 과정에 참여해 정보 전달과 다양한 지식의 상호 연결을 촉진하는 역할을 수행하는 것이다. 누구나 기고자로 참여할 수 있는 개방형 인터넷 백과사전 위키피디아wikipedia는 이제 브리태니커 백과사전을 능가하는 세계 최고의, 최대의, 무엇보다 최신의 백과사전이 됐다. 열정을 지닌 전 세계 자발적 기고자들의 참여로 구축되는 위키피디아는 아주 협소한 주제까지 표제항이 될 수 있기 때문에 전통적인 방식으로 출판된 백과사전과는 비교할 수 없을 정도로 방대한 항목에 대한 설명을 제공한다. 가장 실질적이고 정확한 최신의 표제항은 위키피디아에서 구할 수 있게 된 것이다.

집단지성은 공동체에 개인들이 종속되는 전체주의나 수동적인 대중 또는 획일적인 열광에 사로잡힌 군중과는 다르다. 《크라우드소싱crowd sourcing》의 저자 제프 하우Jeff Howe는 그저 공통점으로만 뭉친 집단과 달리 집단지성은 구성원 사이에 공통점이 너무 많으면 오히려 소멸하고 다양성이 충만할수록, 개인들이 견해를 표명할 수 있는 능력이 풍부할수록 발전하고 번성한다고 설명한다. 집단지성은 구성원들의 다양한 역량이 동원돼 함께 사유하면서 공동의 문제를 제기하고 해결해나가는 유기체다. 집단지성은 이미 경직된 방식으로 조직돼 있는 집단 자체에 봉사하는 것이 아니라 언제나 구성원들의 새로운 참여가 다양성을 창출하는 데 기여하면서 개인들이 함께 성장하고 번영하는 것이다.

이런 저런 커뮤니티에 머물다 보면 때로는 다른 의견 사이의 갈등과 충돌이 격화되는데, 곧이어 중재·타협·조율을 통해 균형을 찾아가는 놀라운 자정 능력을 목격하게 된다. 구성원들은 직접 선출한 운영진에게 커뮤니티가 혼탁해지지 않고 청정 상태를 유지하도록 감시할 의무를 맡기기도 한다. 이들은 커뮤니티의 가치와 윤리를 지나치게 위협하는 글은 삭제함으로써 집단의 자생력을 강화한다. 지나치게 남을 비방하거나 혐오하는 발언, 교묘하게 구성원 사이에 분란을 조장하는 글을 감지하고 처벌하면서 커뮤니티의 건강을 지켜 나간다. 《롱테일 법칙》의 저자 크리스 앤더슨Chris Anderson도 위키피디아의 탁월한 점은 시간이

흐를수록 개선되고 유기적으로 스스로를 치유해나가는 점이라고 평가한다. 계속적으로 증가하는 사용자들이 마치 면역 체계처럼 유기체를 위협하는 것에 빠르게 반응한다는 것이다.

따라서 집단지성은 위계질서hierarchy(하이어라키)로부터 수평적 질서heterarchy(헤테라키)로의 전환을 의미한다. 헤테라키는 조직 구성원 간에 등급이 매겨지지 않는 조직 체계를 말한다. 수직적 구조는 구조의 상위 멤버들에게 특권을 부여하지만, 수평적 구조는 의사 결정 권한을 참여자 모두에게 분산한다. 우리가 참여하고 있는 소셜 네트워크는 기본적으로 각 구성원이 동등하고 수평적인 지위를 갖는 의사소통 체계라고 할 수 있다. 더욱 복잡해지고 변화 속도도 빨라진 현대 사회에서는 수직적인 하이어라키보다 평등한 헤테라키가 더 많은 정보를 효율적으로 공유할 수 있다는 사실이 입증되고 있다. 이와 같이 소셜 네트워크에 의한 집단지성은 일방적·중앙집권적·권위주의적 체제로부터 지방분권적·수평적·비위계적 체제로의 전환을 의미한다.

레비는 인쇄술의 발명이 근대민주주의를 탄생시켰듯이 디지털 통신기술은 새로운 실시간 민주주의를 가져올 것이라 기대한다. 고대 그리스의 아테네에서는 고작 시민 수천 명이 공공장소에 모였고, 근대민주주의 발생기에

23

는 공민 수백만 명이 넓은 영토에 분산돼 있었기 때문에 대표자를 선출해야 했다. 그러나 사이버 공간에서는 공동의 문제를 수립하거나 다양한 문제에 대해 독립된 의견을 표현하고 채택하는 데 실시간으로 참여할 수 있는 직접 민주주의가 행해질 수 있다. 레비는 가장 풍요로운 '우리'를 이루는 것을 목표로 하는 사이버 공간의 실시간 민주주의를 "즉흥적인 다성 합창"에 비유한다. 다른 단원들의 목소리를 들으면서 동시에 다르게 불러야 하고, 자기 목소리와 타자의 목소리의 조화로운 공존을 찾아 전체적 효과를 개선해야 하기 때문이다.

정치철학자 마이클 하트Michael Hardt와 안토니오 네그리Antonio Negri도 《다중Multitude》(2005)에서 세계화 시대에 진정한 민주주의를 실현시켜줄, 새롭게 부상하는 계급으로 '다중the multitude'을 제시하면서 "인터넷처럼 분산된 네트워크"를 다중의 좋은 모델로 소개하고 있다. 다양한 교점node은 다르게 남아 있으면서도 웹 안에서 모두 연결되고, 네트워크의 외부 경계는 개방돼 있어 새로운 교점과 관계가 언제나 추가될 수 있기 때문이라고 한다. 소셜 미디어는 전체주의에 대한 저항과 권력의 새로운 분배를 가져왔다. 권력은 더 이상 소수 세력에 의해 독점되지 않는다. 오히려 역동적이고 흩어져 있으며 계속 확장될 수 있는 네트워크 자체가 권력이 된다.

진정한 민주주의를 실현하기 위한 인터넷의 중요한 역할은 보이지 않는 잠재 그룹을 수면 위로 떠오르게 하는 것이다. 소셜 미디어가 없던 환경에서는 가시적인 실존 그룹으로 바뀌려면 많은 비용이 필요하여 잠재 그룹은 행동하지 못하고 대부분 수면 아래에 남아 있어야 했지만, 이제는 모든 사람이 소셜 미디어 수단을 소유하게 됨으로써 실제 행위를 주도할 수 있는 실존 그룹을 형성하는 비용이 대폭 떨어졌다.* 무라바크 대통령의 오랜 독재를 무너뜨린 이집트혁명(2011)이 보여주듯이 잠재 그룹이 실존 그룹으로 드러날 수 있게 된 것이다. 이 민주화운동은 이집트의 한 청년단체가 SNS를 통해 집회를 제안하면서 촉발됐고, 시위전개 과정에서도 SNS가 결정적인 역할을 한 것으로 알려져 있다.

창작자가 된 우리, 문화의 수용자에서 문화의 생산자로

인터넷은 공유 개념을 토대로 한다. 자원을 끊임없이 공유하는 클라이언트client-서버server 모델을 기초로 하기 때문이다. 여기에 자신이 개발한 소프트웨어를 무료로 공유하는 오픈소스open source 문화가 더해져 우리는 인터

---

* 최영, 앞의 책, 10쪽 참조.

넷의 폭넓은 혜택을 누리게 됐다. 흥미롭게도 인터넷은 핵전쟁의 위협으로부터 살아남기 위한 통신 네트워크의 개발에서 비롯됐다.* 인터넷은 주요 통제 시설 몇 곳이 파괴돼도 그 기능을 유지할 수 있는 중심부가 없는 분산형 군사망에서 시작해 학자들이 이용하는 학술망의 일부로 이전됐다.

1990년대 초반 상업 네트워크가 생겨나면서 인터넷은 대중 속으로 널리 퍼지게 됐다. 단순한 웹사이트 집합체인 웹 1.0에서 발전한 웹 2.0은 웹 애플리케이션을 제공하는 통합 플랫폼으로서, 사회 구성원들이 다양한 상호작용을 할 수 있는 소셜 미디어를 탄생시키고 모든 정보를 연결함으로써 새로운 지식 체계를 생성할 수 있는 환경을 만들었다.

이러한 환경은 문화 체계 내에서 우리의 신분을 크게 변화시켰다. 웹툰을 보던 사람에서 직접 웹툰을 그려 전시하는 사람으로, 칼럼의 독자에서 스스로 문화 상품과 시대를 논평하는 글을 포스트하는 사람으로 우리의 정체성을 바꿔놓았다. 오늘도 자신의 창작물을 게시해 대중의 즉각적인 반응을 얻을 수 있는 다양한 공유 사이트는 우리의 잠재된 창작 능력과 의욕을 북돋우고 있다. 많은 사람이

---

* 인터넷의 기원과 웹 2.0에 대한 내용은 최영, 앞의 책, 27쪽, 30쪽 참조.

문화의 수동적 소비자에서 능동적 생산자로 변해가는 시대다. 과거 전문가들만 소유했던 디지털 카메라, 소형 편집기, 편집 소프트웨어 등의 가격이 하락하고 접근성이 높아지면서 일반인도 낮은 비용으로 콘텐츠를 제작할 수 있게 됐다. 2005년 10월에 '유튜브YouTube'가 등장하면서 우리에게 또다시 새로운 시대가 열렸다. 유튜브는 상업용 영상과 아마추어 영상을 나란히 공개하고 배포할 수 있는 채널이었기 때문이다. 대형방송사·영화사·음반사 등 기존의 권위적인 매체에 의존하지 않고 누구든 영상을 연출하거나 영상에 등장해 자신의 노래나 연기로 대중에게 관심과 인정을 받을 수 있는 장이 마련된 것이다.

따라서 현대는 과학자, 건축가, 예술가뿐만 아니라 모든 사람이 창의적인 계급으로 살 수 있는 가능성을 부여받은 시대며, 이는 긍정적인 신분 상승이라 할 수 있다. 오늘날 창작은 영화 감독, 시나리오 작가, 소설가가 독점할 수 없다. 팬 커뮤니티는 영화, 드라마, 소설의 내용에 지대한 영향을 미친다. 창작자들은 커뮤니티를 통해 작품에 대한 반응을 살필 수 있을 뿐만 아니라 때로는 팬들의 커뮤니티 활동이 시나리오 작가들에게 직접 영감을 주기도 한다. 팬덤은 원래부터 장소의 제약 없이 연대감으로 이어진 공동체로 존재해 왔는데, 요즘 팬들은 다양한 소셜 네트워크로 연결되면서 강력한 집단지성으로 활약하게 됐다. 특정 연예인을 지지하는 팬 카페는 회원들이 힘을 합쳐 응원하는 연예인을 다룬 콘텐츠가 높은 조회수를 올릴 수 있는 수단을 강구한다. 이러한 팬들은 연예인을 그저 소비만 하는 것이 아니라 모금을 통해 그에게 입힐 의상과 음악 장비를 선물하거나 연예인의 이름으로 다양한 기부와 자선 행위를 실천함으로써 그를 사회적으로 선한 영향력을 지닌 브랜드로 적극적으로 생산해 나간다. 팬들은 어떤 대가를 받는 것도 아닌데, 단지 동일한 연예인을 좋아한다는 사실만으로 서로 연대감을 갖고 이러한 수고를 자청한다.

미래학자 앨빈 토플러Alvin Toffler는 1980년에 발표한 저서 《제3의 물결The Third Wave》에서 제1의 물결인 농업혁명과 제2의 물결인 산업혁명에 이어, 제3의 물결로 정보혁명과 정보사회의 출현을 예측한 것으로 유명하다. 그는 특히 산업혁명에 의해 분리될 수밖에 없었던 생산자와 소비자가 정보사회에서는 다시 융합하게 돼, 생산자producer와 소비자consumer가 결합된 '프로슈머prosumer'라는 존재가 경제를 떠받치게 될 거라고 예견했다. 소비자들이 다양한 방식으로 상품의 생산에 이전보다 많이 관여하게 됐기 때문이다. 토플러는 불특정 다수를 상대하는 주류 매스미디어는 영향력이 급속하게 약화되는 반면 특정한 대상이나 지역을 겨냥한 소규모 미디어가 급증할 것도 내다보았다. 우리는 보고 싶거나 읽고 싶은 것을 더 이상

한정된 채널과 지면에서 찾지 않고 다양한 미디어를 선택할 자유를 누리게 되었다. 이는 우리가 창작에 참여할 수 있는 폭도 넓어졌다는 것을 의미한다. 사람들의 취향이 다양한 만큼 콘텐츠를 전달할 채널도 다양하게 구비돼 있어, 우리는 자신이 좋아하는 것을 창작해서 이를 알맞은 채널을 통해 공유함으로써 취향이 비슷한 사람들로부터 지지를 받을 수 있다.

이와 같이 집단지성의 시대에는 문화 콘텐츠의 소비자와 생산자의 경계는 모호하고 불확정적이다. 제프 하우는 특히 인터넷을 이용하는 많은 10대들이 콘텐츠를 소비하는 것보다는 콘텐츠를 개발하는 것에 더 흥미를 가진다고 지적한다. 어려서부터 디지털 기기에 친숙한 밀레니얼 세대는 소비보다 창조가 더 익숙하다. 요즘은 초등학생도 소셜 미디어를 통한 공유 문화를 놀이로 즐긴다. 초등학생도 인터넷에서 무료로 제공되는 프로그래밍 서비스를 이용해 게임, 애니메이션, 인터랙티브 스토리뿐만 아니라 간단한 로봇, 사물 인터넷 등을 쉽고 빠르게 제작할 수 있고 온라인 커뮤니티에서 자신의 작품을 공유할 수 있다. 우리 집 어린이도 바다 건너 외국 어린이들과 채팅을 하면서 함께 온라인 게임을 만든다. 이 어린이들은 국적을 묻지도 않고 필요한 코딩 기술을 알려주거나 도움을 요청하면서 함께 게임을 개발하고 재밌게 논다.

우리는 이런 창조를 통해 돈으로 가늠할 수 없는 기쁨을 보상으로 얻는다. 이제 우리에게 퇴근 이후의 시간은 더욱 창조적인 잠재력을 지니게 됐다. 이 시간에 우리는 직장에서 일할 때와는 다른 정체성으로 변모할 수 있다. 생업을 위한 노동의 시간이 끝난 뒤엔, 자신만의 재능과 발상과 기운을 매력적인 무엇인가를 창조하는 데에 쏟을 수 있다. 이런 나의 작은 기여로 집단지성은 좀 더 풍요로워진다.

내가 널 도우면 누군가 날 도와주겠지

우리는 소셜 네트워크를 통해 집단지성에 참여하면서 금전적인 부분이 아닌 활동과 참여 자체에서 보상을 얻는다. 이는 인간이 항상 물질적 손익만 계산하며 행동하는 존재가 아니라는 뜻이다. 소셜 네트워크를 통해 공유하고 협동할 때 우리 안에서는 다른 차원의 동기가 작동한다. 우리는 커뮤니티의 구성원으로서 다른 구성원에게 특별한 유대감과 연대감을 느낀다. 직장 동료, 학교 동창, 옆집 이웃처럼 얼굴을 직접 맞대지 않았음에도 자신과 비슷한 취미와 관심사를 공유하는 이들에게 동질감을 느끼면서 기꺼이 지식을 주고받는다.

나는 직장 맘이다 보니 다른 엄마들과 친해질 기회가

부족해 아이의 공부와 관련해 궁금한 정보가 있을 때 방문하는 소셜 커뮤니티가 있다. 친한 친구에게도 물어보기 모호한 궁금증이 생기면 학습 정보를 공유하는 이 커뮤니티에 질문을 남긴다. 그러면 커뮤니티에 속한 다른 학생과 학부모가 정말 유용하고 친절한 답변을 달아준다. 한 줌의 정보에 아쉽고 목마른 나로서는 너무도 고맙고 감격스러울 뿐이다. 내가 커뮤니티에 기여한 점이 있다면, 내가 제기한 질문과 구성원이 남긴 답변을 다른 사람이 읽고 공유해 누군가에게 도움이 된다는 것이다. 이와 같이 우리가 무심코 참여하는 소셜 네트워크 활동에는 공유와 협력이라는 가치가 내재돼 있고 이타주의, 동료애, 평등, 자유, 존중 같은 여러 인간적 미덕이 포함돼 있다.

바야흐로 우리는 경쟁을 넘어선 협력의 시대를 살고 있다. 도대체 왜 사람들은 소셜 네트워크에서 협력하고, 다른 사람들에게 대가 없이 베푸는 걸까? 정치학자 로버트 액설로드Robert Axelrod는 이기주의자들로 가득 찬 세상에 협력이라는 행동이 나타나는 이유를 탐색했다. 그는 흔히 알려진 '죄수의 딜레마'처럼 협력하는 것이 두 사람에게 모두 이득인데도 각자에게 최선의 선택을 하여 결국 서로를 배신하는 것과 달리, 자신의 이익을 추구하는 상황에서도 협력이라는 현상이 발생하는 것을 발견한다. '죄수의 딜레마'와 달리 두 사람이 다시 만날 수 있다면 이야기가 달라진다는 것이다.*

액설로드는 개인들이 다시 만날 확률이 커서 미래
에 서로 이해관계로 얽힐 것이라고 믿게 되는 조건에서는,
'팃포탯tit-for-tat', 즉 '눈에는 눈'이라는 전략이 작용해 협
력이 발생한다는 사실을 밝혀냈다. 팃포탯은 우선 첫 게임
에서는 협력해보고, 그다음부터는 상대의 대응방식에 따
라 행동하는 맞대응 전략이다. 이 전략은 네 가지 원칙을
바탕으로 한다. 첫째, 상대가 협력하는 한 거기에 맞춰 협
력하고 불필요한 갈등을 일으키지 않는다. 둘째, 상대가
예상치 않게 배반하면 응징할 수 있어야 한다. 셋째, 상대
의 배신을 응징한 후에는 용서한다. 넷째, 상대가 나의 행
동 패턴에 적응할 수 있도록 명확하게 행동한다. 이와 같
이 우리가 장기적 관점에서 미래에 있을 보답에 대한 기대
로 현재의 협력을 선택하는 바탕에는 호혜주의reciprocity
원리가 있다.

호혜주의 원리란 인간에게는 서로 비슷한 행동으로
화답하려는 성향이 있어 긍정적인 행동에는 긍정적인 행동
으로 반응한다는 것이다. 로버트 치알디니Robert B. Cialdini
는 《설득의 심리학Influence, Science and Practice》(1985)에

---

* 로버트 액설로드, 《협력의 진화》, 이경식 옮김, 시스테마,
2009 참조.

서 상호성 법칙이 우리에게 얼마나 강한 영향력을 미치는 지를 설명한다. 상호 주고받기의 법칙 때문에 우리는 다른 사람이 우리에게 제공해주는 것에 대해 보답하려 하고, 우리가 다른 사람에게 무엇을 줄 때도 그 선물은 상실되지 않는다고(상대가 보답해줄 것이라고) 확신한다. 다른 사람이 우리에게 베푼 호의는 우리가 미래에 갚아야 할 빚이며, 우리가 다른 사람에게 준 물건도 마찬가지다. 치알디니는 이렇게 상호성 법칙으로부터 흘러나오는 부채 관계, 즉 서로 빚을 지는 관계의 발전된 체계가 인류 문화의 독특한 자산이라고 평가한다. 미래에 보답해야만 한다는 의무감이 널리 공유되고 확고히 유지되면서 사회 발전에 엄청난 기여를 해왔다는 것이다. 그래서 사회에는 받기만 하고 보답하려고 노력하지 않는 사람을 혐오하는 정서가 있다고 한다. 이처럼 호혜주의 원리는 인간을 인간답게 만드는 핵심적 역할을 해왔다.

특히 소셜 커뮤니티를 통해 다양한 공유 활동을 할 때 협력의 역학 관계는 '간접호혜주의'에 바탕을 둔다. '직접호혜주의'는 내가 오늘 어떤 사람에게 호의를 베풀면 언젠가 그 사람이 내게 호의를 베푸는 것이고, '간접호혜주의'는 그 사람이 아니더라도 다른 누군가가 내게 호의를 베푸는 것이다.* 공유의 실천은 우리의 생각이 '네가 날 도와주면 나도 널 도와줄게'에서 '내가 널 도와주면 언젠가

누군가가 날 도와주겠지'라는 믿음과 기대감으로 전환하
는 것이다. 우리가 커뮤니티에 지식이나 물건을 베풀면 언
젠가 누구인지 알 수 없는 사람으로부터 간접적인 방식으
로 보답을 받을 것이라는 인식을 갖게 되는 것이다. 눈앞
에 보이는 이익을 위해서가 아니라 미래의 이익과 사회 전
체의 이익을 고려하는, 서로에 대한 '간접호혜주의'가 많
이 일어나는 공동체가 신뢰가 높고 소통이 원활한 사회다.

줌화된 일상

팬데믹 시대에 우리의 삶은 줌화Zoomification되었
다. 사회적 거리두기로 인해 물리적 공간에서 만나지 못하
게 된 우리는 줌zoom을 비롯해 시스코 웨벡스Cisco Webex
Meetings, 구글 미트Google Meet 등 화상회의 플랫폼에서
모임을 갖는다. 줌이 제공하는 사이버 공간에서 우리의 일
상을 공유하기 시작했다. 모든 모임이 비대면으로 전환되
면서 강의와 회의도, 학술 행사와 세미나도, 파티와 전시
회도, 예배와 공연도 줌으로 진행되고 있다. 놀라운 점은
불과 몇 개월 만에 우리가 이런 생활에 익숙해지고 나름의

---

*   직접호혜주의와 간접호혜주의에 대한 내용은 최영, 앞의 책,
        169~170쪽 참조.

장점도 즐기게 됐다는 사실이다.

인터넷이 연결된 컴퓨터와 마이크를 이용해 실시간·양방향으로 진행되는 회의를 뜻하는 웨비나Webinar는 웹Web과 세미나seminar의 합성어다. 2020년에는 각종 국내외 학술대회가 줌을 이용한 웨비나로 진행됐다. 국가 간 이동이 자유롭지 않은 상황에서도 각국의 학자들은 자신의 연구실에 앉은 채 국제학술대회에 참석해 발표를 했다. 평소 다른 지역에서 개최되는 행사에 참여하려면 장거리 이동이 필요했던 학자들은 오히려 시간을 절약할 수 있었다. 행사 주관자 입장에서는 별도의 행사장을 마련하지 않아도 줌에 회의실만 만들면 되므로 개최 비용이 줄고, 참여자 입장에서는 먼 거리를 이동해 강단에 서지 않아도 되므로 심리적 부담이 줄어든다. 한마디로 우리는 웨비나가 '편리하다'는 사실을 알게 됐다. 물론 행사가 끝난 뒤 함께 식사와 다과를 나눌 수 없는 아쉬움은 어쩔 수 없다.

처음 거리두기가 시작됐을 때 회사와 학교는 물리적으로 모일 수 없게 된 사원들과 학생들을 안전한 공간에 불러모으기 위해 고품질의 오디오·비디오 장비를 설치해야 하는 상황에 당황스러워했다. 갑자기 수많은 회의실과 교실을 대신해 작은 AV(Audio/Visual) 장비로 사람들을 연결해야 했기 때문이다. 교실에서는 줌으로 수업을 준비할 수 있도록 서둘러 장비를 구입해야 했고, 노트북이나

AV 장비가 없는 학생들을 파악해 학교에서 기기를 대여해 주어야 했다. 이제는 대다수 기업의 회의실에는 HD 카메라, 마이크, 화상회의 소프트웨어 등이 갖춰져 있다. 갑자기 밀어닥친 팬데믹 사태는 우리의 일상이 '줌화되도록 Zoomify' 만들었다.

이것은 노동 방식이 다음 단계로 이동한 것을 의미하기도 한다. 줌으로 업무를 보는 방식이 노동의 미래가 될 수도 있는 것이다. 코로나바이러스를 계기로 원거리에서 업무를 보는 일이 가속화된 덕분에 "업무의 줌화"가 새로운 '표준'으로 도착했다고 보는 견해도 있다.* 여러 해 동안 이러한 노동 방식이 특정 분야에서만 존재해왔지만, 이제는 사무를 보는 주류적인 방식이 됐다는 것이다. 물론 코로나 이후에 업무의 줌화가 고용자와 근로자에게 어떤 의미가 있을지는 열려 있는 문제다. 업무의 줌화는 장점이 많을 뿐만 아니라 고려할 만한 위험도 가져오기 때문이다. 다만 줌 기술이 20세기의 경직된 업무환경보다 좀 더 인간적이고 유연한 작업환경을 위한 도구로 우리에게 기능해 주길 기대해 본다.

영국의 저널 〈태틀러Tatler〉 2020년 5월 4일자에는 영

---

* "업무의 줌화"에 대한 내용은 기사 「From Nikeification to Zoomification-What Will the Future of Work Look Like?」- 〈HRDConnect〉 2020년 6월 30일 게재 참조.

국 상원의원들이 국회의 줌화에 적응하는 과정을 담은 기사가 실렸다.[*] 먼저 하원에서 성공적으로 줌화를 마친 뒤 상원의원들도 줌을 통해 온라인 회의를 하게 됐으며, 고령의 의원들은 적응에 애를 먹고 있다는 내용이다. 상원의원들이 사상 처음으로 화상회의 프로그램을 통해 토론을 하게 된 것이다. 상원은 새 기술에 적응하기 어려워하는 70세 정도의 일부 고령 의원들에게 자원봉사자를 배정해 트레이닝을 도왔다. 한 70대 여성 의원은 토론 도중 음소거를 해제하지 못해 발언 기회를 놓쳤다고 아쉬워하고, 상대적으로 젊은 한 50대 의원은 답변 도중 컴퓨터에서 나온 소음 때문에 주의가 산만해졌다고 털어놓는다.

재미있게도 이 기사에는 상원의원들이 자신의 배경으로 선택한 책장, 정물화나 추상화를 걸어놓은 벽면 또는 가상화면의 사진을 설명과 함께 소개하고 있다. 어느 상원의원은 토론 내용만큼이나 자신이 보고 있는 상대의 화면에 주의를 기울였다. 그는 동료 의원들의 배경 화면을 유심히 살펴보려고 사진을 찍었다. 서재를 배경으로 삼은 의원들에게는 소장한 책을 전혀 읽어보지 않은 듯하다고 논평하기도 하고, 자신의 배경화면으로 벽에 걸린 사실주의

---

[*]　기사 「Peers Adjust to the Zoomification of Parliament」-
〈Tatler〉 2020년 5월 4일 게재 참조.

그림과 전원 풍경 사이에서 고민하다가 결국 연구실 벽면을 선택했다고 고백하기도 했다. 그것이 값싼 유화보다 고급스러워 보일 것이라 생각했기 때문이다.

상원의원들이 줌 배경을 신경 쓰는 모습은 우리의 일상이 줌을 통해 다른 사람들에게 공유되고 있음을 보여준다. 일상이 줌화된다는 것은 사생활 노출이 가속화된다는 뜻이기도 하다. 우리는 영화배우나 유튜버가 아니지만 줌 화면에 우리의 모습이 어떻게 잡힐지, 우리의 배경은 적절하고 품위 있는지 고려하게 된 것이다. 배경화면을 비롯해 줌으로 전달되는 이미지는 곧 각자의 인상이 되었다. 마치 연출자가 무대를 창조하듯 우리는 줌 화면의 구성과 미학에 대해서 탐색하게 됐다.

2020년 7월 2일과 3일 이틀에 걸쳐 '제1회 비욘드 휴머니즘 포럼1st Beyond Humanism Forum'이 유튜브 생중계로 개최됐다.[*] 5개 대륙, 11개 국가들에서 학자, 예술가, 지성인 등이 참여해 다양한 포스트휴머니즘 관점에서 팬데믹 위기의 영향을 논한 이 행사는 원래는 그리스의 레스보스에서 열리기로 계획돼 있었으나 팬데믹 사태로 인해 유튜브 채널을 통해 치러졌다. 시의적절한 여러 발표 중에서 대회 이틀째에 방송된 카르멜 바이스먼Carmel Vaisman의

[*] http://beyondhumanism.org/

〈줌화된 우리 삶The Zoomification of Our Lives〉, 이본 푀스터 Yvonne Förster의 〈COVID-19 시대의 육체화Embodiment in Times for COVID-19〉는 줌화된 우리의 일상과 육체라는 흥미로운 주제를 다루고 있다.

특히 사회생활이 전례 없는 방식으로 '가상화virtual' 됐다며 격리된 신체의 변화된 육체성을 탐구한 푀스터의 발표가 흥미로웠다. 푀스터에 따르면 우리의 육체는 줌 기술에 의해 육체화되면서 동시에 비육체화된다. 화상에서 관찰되는 인간의 육체는 실제 배경으로부터 추상화된 뒤 일련의 정보 흐름을 통해 가상의 배경 안에서 재조합된, 탈육체화된 신체라고 할 수 있기 때문이다. 그녀는 육체가 '줌화'되는 현상을 디지털 기술을 더 많이 수용하고 더 빈번하게 사용하게 된 디지털 가속화를 의미한다고 보면서, 질적으로 우리가 어떤 경험을 얻고 있고 잃고 있는지 질문해봐야 한다고 지적한다. 디지털 세계의 신체는 사실 유기체적 통합이 없는 다수의 관점, 파편화된 정보로 이뤄진 디지털 육체며 줌에서 이뤄지는 신체 경험에서는 시각적인 것이 가장 우선시되고 청각을 제외한 나머지 감각 정보들은 차단된다고 지적한다. 그녀는 팬데믹 위기가 육체와 분리된 데카르트적인 사고와 비육체화된 문화를 강화하고 있다고 분석하면서, 사람들이 모이는 공적 공간에서 누릴 수 있는 향락적인 신체의 만남이 결핍되고 있는 현상을 우려한다.

언어적 의사소통에서는 오고가는 메시지 못지않게 표정, 시선, 몸짓, 자세 등 비언어적 요소가 중요한데, 문자 메시지나 메신저 등의 문자 기반 소통은 비언어적·맥락적 정보를 전혀 전달하지 못한다.* 그에 비해 줌을 통한 만남은 전화 통화처럼 목소리를 파악하는 것을 넘어 상대방의 얼굴, 몸짓과 손동작도 살필 수 있다는 점에서 현실의 만남에 한층 다가간 느낌이다. 그럼에도 불구하고 비디오카메라의 앵글을 매개로 오가는 우리의 모습은 실제적인 접촉만큼 유기적이고 오감을 균형 있게 만족시키는 의사소통은 될 수 없다.

〈파이낸셜뉴스〉 2020년 9월 10일자는 비대면 문화와 맞물려 화상회의 플랫폼 줌이 급부상한 가운데 컴퓨터와 통신망을 구비하지 못했거나 줌 사용법을 모르는 '줌 취약계층'의 문제와 회의실에 초대받지 않은 외부인이 침입해 화상 수업이나 회의를 방해하는 '줌바밍zoombombing'의 문제가 대두되고 있는 현실을 보도한다.** 재택 근무와 원격 강의를 넘어 사적 모임과 취업 스터디도 줌으로 하는 '줌의 시대'가 열리면서 줌 사용에 익숙해진 시민들은 이

---

* 구본권, 《당신을 공유하시겠습니까?》, 어크로스, 2014, 229쪽 참조.

** 기사 「필수앱 '줌' 대세열풍에 가려진 부적응의 그늘」-〈파이낸셜뉴스〉 2020년 9월 10일 게재 참조.

제는 줌이 더 편하다고 할 지경이지만 줌에 적응하지 못하는 계층도 있어 또 다른 양극화가 발생할 수 있다고 지적한다. 세대 간 디지털 격차가 있을 뿐만 아니라 줌을 활용할 인프라를 갖춘 계층과 그렇지 않은 계층 간 격차의 문제도 있어 '줌 소외계층'이 양산된다는 것이다. 이 기사는 전문가들이 제언하듯이, 줌의 시대는 피할 수 없는 흐름이므로 이러한 줌의 양면성을 알고 개인과 정부가 미래지향적 관점에서 변화를 받아들이고 적응해야 할 시점이라고 결론을 맺는다.

2020년 10월 〈CNN〉, 〈BBC〉 등 다수 매체는 〈CNN〉 법률 자문 겸 〈뉴요커〉 소속 작가인 한 남성이 줌으로 화상회의를 하던 중 카메라가 켜져 있는 것을 인식하지 못하고 음란 행위를 해 뉴요커에서 정직 처분을 받은 사건을 보도했다. 그는 카메라가 꺼져 있고 음소거 상태라고 생각했지만, 그의 음란 행위는 회의 참가자들에게 고스란히 전해졌고 일부 참가자들은 충격에 화면에서 벗어나기도 했다.[*] 그는 업무상 회의 도중에 부적절한 '딴짓'을 함으로써 본인의 명예를 심각하게 실추시키고 타인을 불쾌하게 만드는 큰 잘못을 저질렀다. 한편 이 사건은 하버드로스쿨 출

---

[*] 기사 「Jeffrey Toobin suspended from New Yorker, on leave from CNN, after he exposed himself on Zoom call」-〈CNN Business〉 2020년 10월 20일 게재 참조.

신 변호사고 사회적으로 잘나가는 사람이어도 줌을 부주의하게 조작하여 생긴 문제로 씻을 수 없는 국제적 오명을 얻을 수 있음을 보여준 사례다.

이 사건은 극단적인 사례이긴 하지만 우리로 하여금 줌을 통한 지나친 사생활 노출 가능성에 대해 경각심을 갖게 해주는 면이 있다. 줌을 통해 일상을 공유할 수 있다는 것은 줌이 지닌 강점이자 엄청난 위험이기도 하다. 줌을 사용할 때에는 얼굴을 노출하는 것이 부담스럽거나 준비되지 않은 상태일 때 또는 주변 상황이 여의치 않을 때 비디오를 끄고 입장할 수 있다. 실제로 비디오를 끄고 다른 참석자들을 바라보기만 할 때에 우리는 관음자의 죄책감을 맛본다. 또 실수로 비디오가 켜져서 원치 않는 방식으로 생활의 '민낯'이 드러나지 않도록 우리는 비디오가 제대로 꺼져 있는지, 줌 화면에 비치는 사적 공간의 풍경이 어떠한지 점검한다. 공적 공간에서 이뤄지는 만남과 달리 줌을 통한 만남은 카메라가 나의 내밀한 사적 공간을 비출 수 있다는 점에서 위험하며, 반대로 우리가 카메라 뒤로 숨어버릴 수도 있다는 점에서 비인격적이다.

하지만 어쨌든 우리는 '줌'이라는 디지털 네트워크 덕분에 사회적 거리두기라는 막막한 광야를 건널 수 있다. 거리두기로 인해 깊은 고민에 직면한 또 하나의 집단은 교회였다. 다행히 AV 장비가 구축된 교회들은 예배를 실시간으로 중계하거나 녹화된 예배를 신자들이 재생할 수 있도록 조치했다. 규모가 크지 않은 소그룹은 줌을 통해 예배나 성경 공부를 진행할 수 있었다. 줌으로 함께 예배를 드리면서 각자 준비한 빵과 포도주로 성찬식도 하고 해외에 있는 신자들도 접속해 안부를 나눌 수 있었다. 신학자들은 줌을 통한 예배를 경험하면서 교회와 예배의 의미를 새롭게 사유하고 사역 방식에 관한 패러다임의 변화를 감지하며, 현재의 위기 상황을 오히려 새로운 도약의 계기로 삼고자 하는 능동적 성찰을 제시하기도 한다.

신학자 이세형 교수는 이스라엘 백성들이 나라를 잃고 바빌론에 포로로 끌려갔을 때, 예루살렘 성전에서 예배를 드릴 수 없게 되자 예배의 중심이 성전에서 회당으로, 가정으로 옮겨졌다는 사실을 상기시킨다. 물리적 성전을 빼앗기자 공간적 성전이 시간적 안식일로 바뀌었고, 보이는 것이 보이지 않은 시간 속으로 옮겨졌다고 설명한다.[*] 신학자 진지훈 목사도 예배의 본질이 손상되지 않는 한 우리 시대의 디지털 네트워크 문화를 수용하고 창조성을 발휘해 어려움을 극복하는 가운데 진보의 길이 열리리라 전망한다. 흥미롭게도 그는 그리스도교 교회 초창기 때도 부

---

[*] 이세형, 「펜데믹 시대, 가정의 영성을 회복하게 하라」, 《정동샘》 9·10월호, 2020, 9쪽 참조.

득이 예배에 참석하지 못한 사람들에게 집사들을 통해 떡과 포도주가 보내졌고 이 사람들은 집에서 그것을 먹고 마시며 공동체의 성찬에 참여했다는 기록을 발견했다고 한다.* 요즘 젊은이들이 카메라 앞에 각자 준비한 음식을 가져와 줌을 통해 모임을 갖는 것도 비록 떨어져 있지만 같은 시간에 함께 음식을 나누며 교제하는 상호연결성이 주는 신비한 위력을 경험하기 때문일 것이다.

통제사회의 시작인가, 새로운 정치적 주체의 등장인가?

모든 기술은 '파르마콘pharmakon'이다. '파르마콘'은 '독'과 '약'을 동시에 의미하는 그리스 단어다. 모든 기술은 양날의 검처럼 사용하기에 따라 '독'일 수도 '치료제'일 수도 있다는 의미다. '파르마콘'에 관한 이야기는 플라톤의 《파이드로스Phaedrus》에 등장한다. 문자를 발명한 이집트 신 테우스Theuth가 이집트 왕인 타무스Thamus 앞에 나아가 "이 발명품은 이집트인들을 더 현명하게 해 주고 그들에게 더 좋은 기억력을 줄 것입니다. 제가 기억력과 지혜 모두에 유익한 치료제를 발견했습니다"라고 하자 타무스

---

* 진지훈, 「감염병과 온라인 예배」, 《성경과 고고학》 104.1, 2020, 114~149쪽 참조.

44

왕이 대답하길, "당신의 발명품은 그것을 사용하는 사람들 마음에 망각을 초래할 것입니다. 그들은 자신의 기억력을 행사하지 않고 외부적인 표식인 문자를 신뢰할 것입니다. 당신은 기억이 아니라 회상을 위한 치료제를 발명했을 뿐입니다. 당신은 당신의 학생들에게 진정한 지혜가 아니라 지혜의 외양을 제공하는 것입니다. 그들은 많은 것을 듣지만 아무것도 배우는 것이 없을 것이고 그들은 박식해 보이지만 아는 것이 전혀 없을 것입니다"라며 거절했다는 이야기다. 이 파르마콘 이야기는 자크 데리다Jacques Derrida, 닐 포스트먼Neil Postman, 베르나르 스티글레르Bernard Stiegler 등 20세기 영향력 있는 학자들에 의해 미디어 이론으로 재해석되고 있다.

데리다는 「플라톤의 약국Plato's Pharmacy」(1968)에서 타무스 왕이 글쓰기가 지닌 긍정적 능력과 부정적 효과라는 두 대립적 특성을 깨닫고 있을 뿐만 아니라 기술 그 자체가 지닌 모호한 본성을 보여주고 있다고 한다.* 데리다의 요점은 파르마콘이 과연 얼마만큼 독이고 얼마만큼 약인지 확신할 수 없으므로 '치료제'로서의 파르마콘을 '독약'으로서의 파르마콘과 완벽하게 분리해 낼 수도 없다

---

*   Jacques Derrida, 《Dissemination》, Trans. Barbara Johnson, Chicago University Press, 1981, 참조.

는 것이다. 글쓰기 기술은 기억을 도와주면서 동시에 기억을 방해하기 때문이다.

포스트먼 역시 《테크노폴리Technopoly》(1992)에서 파르마콘 이야기를 인용하여 모든 기술과 기술 채택은 비중립적이고 이데올로기적으로 기능한다고 주장한다. 그는 일단 기술이 받아들여지면 그것이 고안된 목적대로 역할을 수행하므로, 우리가 새로운 기술을 문화에 받아들일 때에는 눈을 크게 뜨고서 그 기술이 무엇을 하려고 설계됐는지 이해해야만 한다고 강조한다. 그는 여기서 타무스가 글쓰기는 중립적 기술이 아니며 유익이 될지 해가 될지는 그 사용에 좌우된다고 보고 있다고 해석한다. 포스트먼은 기술이 야기하는 변화들은 미묘하고 예측하기 어려우며, 그 중에서도 이데올로기적인 것이 가장 예측하기 어렵다고 지적한다. 하지만 그는 어떤 기술적 발명이든 한 측면의 효과만 지닌다고 가정하는 것은 실수임을 강조한다.

스티글레르도 《고용은 끝났다, 일이여 오라!L'Emploi Est Mort, Vive Le Travail》(2015)에서 디지털 테크놀로지를 파르마콘에 비유한다. 2010년에 'pharmakon.fr'이라는 철학 학교를 만들기도 한 그는 프리웨어나 위키피디아 같은 협동경제 프로젝트가 우리의 앎과 공유에 자양분이 되지만 시장의 단기적 이윤만을 위해 이용된다면 스스로 발명하고 창조하면서 진정한 일을 누릴 수 있는 우리의 능력

46

을 박탈하는 수단이 될 수 있음을 지적한다. 그는 자동화로 '고용emploi'이 몰락하는 이 시대에 보수에 상관없이 앎을 풍요롭게 하는 '일travail'을 부활시켜 새로운 형태의 기여경제로 나아가자고 제안한다. *

　　오늘날 소셜 네트워크를 통해 정보의 공유를 가능하게 해주는 디지털 정보 기술도 '약이자 독'인 파르마콘이라고 할 수 있다. 디지털 정보 기술이 우리 사회에 약인지 독인지에 대해 학자들 사이에 다양한 논의가 이어져 왔다. 디지털 정보 기술로 인해 개체들은 진정한 소통은 하지 못한 채 오히려 더 큰 고립과 소외를 느끼며, 마케팅 전략의 통제 아래 진정한 개성은 표현하지 못하고 획일적인 소비 욕구에만 이끌려 다니는 존재로 전락했다는 비판적 견해가 있다. 반면에 정보 네트워크 시대에는 기술을 매개로 인간과 인간 사이에 정서적 연대가 이뤄져 개체를 초월하는 새로운 집단이 형성되고, 이 집단이 사회 구조를 변화시킬 수 있는 정치적 역량을 지닌 주체로 등장한다는 견해도 있다. 그중 주요 견해를 몇 가지 소개해본다.

　　먼저 모든 미디어에는 특정 가치와 이데올로기가 내재한다고 보는 '미디어 결정론'이 있다. 미디어 결정론은

---

　*　베르나르 스티글레르, 《고용은 끝났다, 일이여 오라!》, 권오룡 옮김, 문학과지성사, 2018, 참조.

미디어가 사회 변화를 이끄는 견인차 역할을 한다는 이론으로서 정보 기술에 내포된 '약'과 '독' 두 의미 모두에 주목한다. "매체가 곧 메시지다the medium is the message"라고 선언하며 모든 매체는 내용을 뛰어넘는 힘을 가지고 있다고 강조한 마셜 매클루언Marshall McLuhan이 대표적인 미디어 결정론자다.* 그는 새로운 소통 매체가 역사에 변화를 가져오고 문화를 통제한다고 주장한다. 포스트먼 역시 매클루언과 마찬가지로 미디어 생태학 이론을 정립하며 모든 문화는 그 사회의 지배적 커뮤니케이션 매체의 영향을 받는다는 입장을 취한다. 매클루언과 포스트먼, 스티글레르 같은 20세기의 영향력 있는 미디어 이론가들은 모두 미디어의 메시지보다 정보 기술의 물질적·형식적 특성들을 강조해 왔다.**

그런가 하면 허버트 마르쿠제Herbert Marcuse와 질 들뢰즈Gilles Deleuze처럼 주로 기술 발전이 지닌 '독'에 집중한 학자들도 있다. 마르쿠제는 기술 발전을 변혁 주체가 더 이상 기능하지 못하는 전체주의적 사회와 연결시킨다.

---

* 오미영, 정인숙, 《커뮤니케이션 핵심이론》, 커뮤니케이션북스, 2005, 187쪽 참조.

** Marco Deseriis, 「The People's Mic as a Medium in Its Own Right」, 《Communication and Critical/Cultural Studies》 vol. 11, no. 1, 2014, pp. 42~51 참조.

그는 산업기술사회가 사회규범에 순응하고 개성, 비판 능력, 자기결정권 등을 상실한 일차원적 인간들을 양산한다고 본다.* 들뢰즈는 정보 기술과 컴퓨터 기계에 의해 우리의 의사소통이 자본과 코드에 포획되는 '통제사회'가 도래했다고 본다. 그는 푸코Foucault의 '규율사회'에서는 '개체들individuals'이 권력 시스템에 종속되거나 저항할 수 있었지만, 1990년대 초부터 디지털 컴퓨팅 환경으로 인해 개체들이 집단적 저항력을 잃어버린 '가분체들dividuals'로 변해버리는 '통제사회'에 진입했다고 진단한다.** 규율사회의 자본주의는 중앙집중적이었지만, 통제사회의 자본주의는 분산적이기 때문에 벗어나기 더욱 힘들다는 의미다. 들뢰즈는 통제사회에서는 우리의 발화 행위와 의사소통이 이미 자본에 의해 오염돼 있다고 본다.

반면에 기술 철학자 질베르 시몽동Gilbert Simondon이나 앞서 언급한 하트와 네그리는 정보 기술이 지닌 '약'의 기능을 강조한 학자들이라고 할 수 있다. 시몽동은 사회 구성원들이 정보 기술 네트워크를 매개로 소통하며 '정서적 공감'과 '무의식적 연대'를 창출함으로써 개인을 초

---

* 김재희, 「질베르 시몽동에서 기술과 정치」,《철학연구》108권, 2015, 123~151쪽 참조.

** 들뢰즈에 대한 내용은 김재희,《시몽동의 기술철학》, 아카넷, 2017, 224~229쪽 참조.

월하는 관계를 이루고 새로운 사회 변화의 원동력이 될 수 있다고 본다.* 시몽동은 인간 개체들이 기술을 매개로 소통하면서 동질성과 연대성을 회복하고 소외를 극복해 그 존재적 잠재성을 발굴함으로써 사회 구조의 변화를 가능하게 하는 창조적이고 정치적인 역량의 주체가 될 수 있다고 강조한다. 이러한 입장은 정보 기술이 지닌 긍정적인 가능성을 제시해줌으로써 우리를 디지털 네트워크 시대의 양극단인 기술 만능주의나 기술 비관주의로부터 벗어날 수 있도록 해준다.

하트와 네그리는 더욱 직접적으로 '인터넷'이라는 분산된 개방형 네트워크를 민주주의를 실현할 새로운 주체인 '다중'의 모델로 제시한다.** 다중은 개방돼 확장하는 네트워크 안에서 다채로운 차이가 각자 그대로 남아 있으며 모든 차이가 자유롭고 동등하게 표현될 수 있다. 동시에 함께 소통하고 행동할 수 있도록 '공통적인 것'을 발견하고, '공통성'을 창조하는 집단이다. 세계화 시대에는 계급적 질서를 유지하는 새로운 형태의 세계적 초국가 주권인 '제국 Empire'이 등장하지만, '다중'도 제국 내부에서 성장해 이

---

* 시몽동에 대한 내용은 김재희, 앞의 책, 232쪽, 김재희, 「질베르 시몽동에서 기술과 정치」, 《철학연구》 108권, 2015, 139쪽 참조.

** 다중에 대한 내용은 Michael Hardt, Antonio Negri, 《Multitude》, Penguin, 2005, pp. xiii-xv, p. 197, p. 206 참조.

를 넘어서고 대안적인 세계 사회를 창조한다고 한다. 즉 국가와 대륙을 가로지르며 제한 없는 만남들을 가능하게 하는 협력과 협업의 새로운 순환이 창조되는 것이다.

다중은 결코 단일한 정체성으로 환원될 수 없는 무수한 내부적 차이로 구성된다. 다중은 문화, 인종, 민족성, 젠더, 성적 지향성, 노동 형태, 삶의 방식, 세계관 등 모든 종류의 차이를 지닌 존재가 모인 다수이기 때문에 함께 소통하고 행동하려면 공통적인 것을 발견해야 한다. 하트는 우리의 소통·협업·협동이 우리가 서로 공유하는 '공통성the common'에 기초할 뿐만 아니라 확장하는 관계 속에서 공통성을 창조하기도 한다는 점에 주목한다. 오늘날에는 아이디어, 이미지, 정동情動, 관계처럼 비물질적 프로젝트를 창조하는 새로운 형태의 노동이 지배적이며, 이런 노동은 협동하고 소통하는 네트워크에 기초한다. 정보와 지식을 활용하여 일하는 누구나 다른 사람들로부터 물려받은 공통의 지식에 의존하고 또 새로운 공통의 지식을 창조한다. 우리는 공유하는 언어, 상징, 아이디어에 기초해 소통할 수 있고, 소통의 결과로 새로운 공동의 언어, 상징, 아이디어, 관계가 생기기도 한다. 하트는 새로운 정보 네트워크, 모든 협동하고 소통하는 형태의 노동에 의해 창조되는 공통성이 새로운 형태의 민주적 주권의 특징이라고 주장한다.

정보 기술이 독이 아닌 약이 되도록

비관론과 낙관론 모두 우리에게 시사하는 바가 있다. 먼저 비관론은 우리로 하여금 부정적 측면에 경각심을 갖고 깨어 있게 함으로써 멍청하게 있다가 당하지 않도록 해 준다. 하지만 우리가 왜 여기까지 왔는지에 대한 이해는 부족해 보인다. 비관론은 우리가 기술 발전을 통해 성취하고자 하는 인간적 욕망들과 실현시키고자 하는 우리의 무한한 잠재력을 직시하지 못함으로써 강렬하게 밀려드는 새로운 가치의 흐름을 놓치는 한계를 지닌다. 더욱 풍요롭게 번성하려는 우리의 창조적 욕구에 의해 기술은 계속 발전할 텐데 그저 비관론만 펼치고 있다가는 현재 정보 기술 시스템의 문제점을 적극적으로 개선하고 보완하면서 더 바람직한 미래를 향해 나아갈 추진력을 잃어버릴 우려도 있기 때문이다. 따라서 진지한 우려를 수반한 낙관론은 긍정할 수 있으나 기술의 '독'만 들여다보는 비관론은 인류의 생명력 넘치는 가능성을 과소평가하고 미래에 대한 적응력에 발목을 붙드는 면이 있다.

요즘 인터넷에 의한 지식경제 산업이 발달하면서 거대 플랫폼의 정보 독점이 중대한 문제로 대두되고 있다. 레이철 보츠먼Rachel Botsman은 네트워크의 독점과 플랫폼 자본주의를 대표하는 페이스북과 구글 같은 IT 기업에 크게 의존하고 인터넷 거물의 보이지 않는 고삐에 묶인 채

끌려다니게 된 현실에 대한 우려를 드러낸다.[*] 애초에 소셜 미디어의 의도는 중앙집권적 권력으로부터 분산적 권력으로 전환하는 것이었는데, 오히려 거대한 플랫폼들이 정보를 지배하면서 과거의 전체주의적 사회로 되돌아가는 것이 아닌가 염려하는 것이다. 인터넷 공간에 대자본이 참여하고 독점 권력이 탄생하면서 상업적으로만 이용되고 권력의 수평적 분산이라는 인터넷의 본래적 가치의 실현은 어려워진 것이다. 사실 인터넷이 대중화된 결정적 요인이 상업 네트워크의 가세라는 점을 감안한다면 어느 정도 예상된 결과라고 할 수 있다.[**]

처음 전자미디어 시대를 개막한 전신telegraph도 제국주의가 식민지를 효율적으로 통제하려는 의도에서 발명됐듯이 중대한 기술 혁신에는 언제나 거대 자본과 권력이 개입하게 마련이다. '빅토리아 시대의 인터넷Victorian Internet'이라 불리는 전신은 제국주의의 이해에 봉사하며 세계적 통신망으로 빠르게 성장했다. 이 원거리 통신망 덕분에 영국의 빅토리아 여왕은 버킹엄궁에 앉은 채로 각 식민지의 상황을 파악하고 통제할 수 있었다. 인터넷의 탄생

---

[*] 레이철 보츠먼, 《신뢰 이동》, 문희경 옮김, 흐름출판, 2019, 24쪽 참조.

[**] 최영, 앞의 책, 3쪽.

도 군사적 필요에서 비롯됐고 상업자본의 개입에 의해 대중화됐듯이 기술 발전이 권력·자본과 맺는 긴밀한 관련성은 태생적인 것이며, 기술이 권력과 자본을 위해 복무하는 현상은 당연한 귀결일 수도 있다.

중요한 것은 이렇게 탄생한 기술을 자유롭게 가지고 노는 실천이다. 권력을 위해 설계된 기술을 오히려 우리의 즐거움을 위해 전유하는 능력을 발휘함으로써 우리가 원하는 사회를 만들어나가는 데 집중해야 한다. 기술이 더 이상 권력과 자본이 우리를 포획하는 기구로 기능하지 못하도록 우리는 능동적으로 용도를 바꿔 우리의 놀이를 위한 기술로 향유해야 한다. 이 놀이를 통해 낡은 것을 바꾸고 새로운 사회를 발명해나가야 한다.

물론 소셜 네트워크가 초래한 정보 과잉의 시대에 우리에겐 새로운 윤리와 책임이 부과된다. 우리는 넘쳐나는 정보 속에서 중요하고 필요한 정보만 취하고 유해하고 질 낮은 정보로부터 자신을 지킬 수 있도록 훈련해야 한다. 페이스북과 유튜브에 범람하는 가짜 뉴스와 허위 정보를 분별해내고, 이것들이 유발하는 불쾌감과 분노를 즉시 떨쳐버릴 수 있는 회복 탄력성도 갖춰야 할 덕목이 돼버린 듯하다. 보츠먼은 현재 우리는 너무 쉽고 빠르게 충동적으로 믿어버리는 문제에 당면해 있으므로, 의식적으로 속도를 늦추고 심사숙고해서 결정을 내려야 한다고 권고한다.*

그녀가 말하듯이 스마트폰을 눌러 공유하기 전에 잠시 차분히 '이 사람이나 정보가 신뢰할 만한가?' 생각하는 여유를 갖는 과정은 우리가 사는 세상에 대해 소박한 방식으로나마 책임지는 것이다.

*   레이철 보츠먼, 앞의 책, 161쪽, 390~391쪽 참조.

주는 것은 행복하고
공유는 즐겁다

밀레니얼 세대의 소비 혁명, 공유경제

전동 드릴, 캠핑용 테이블, 와플 기계. 자주 사용하지는 않지만 가끔 필요한 생활물품이다. 은평구나 인천 미추홀구 물품공유센터에서는 이런 물건을 저렴한 비용으로 빌려준다. 이 공유센터는 이웃끼리 물건을 공유해 자원과 비용을 절약함으로써 공유가치를 실현하고 친환경 의식을 높이자는 취지로 설립됐다. 어쩌다 사용하지만 구입하기는 부담스럽고 보관하기도 불편한 물건이라면 이곳에서 잠시 대여하면 된다. 두 공유센터는 회원들 간 직거래를 통한 물품·재능 나눔도 권장하고 있다.

물론 대부분 스마트폰을 사용하는 우리나라에서는 이러한 지자체 주도형 공유경제보다 공유경제 온라인 플랫폼이 더 발달해 있다. 미국 샌프란시스코에서 시작된 에어비앤비Airbnb가 세계 최대의 숙박 공유 서비스라면 우리나라에는 빈방이 있는 사람과 빈방을 필요로 하는 사람이 서로 만날 수 있는 위홈wehome이란 플랫폼이 있다. 캘리포니아에 업워크Upwork가 있다면 우리나라에는 IT 인력 장터인 위시켓Wishket이 있다. 미국에 중고 의류를 사고팔 수 있는 스레드업thredUP이 있듯이, 서울에도 중고 아동복 장터인 키플Kiple이 있다.

특히 요즘 여러 매체에서 모바일로 협의한 뒤 이웃 주민과 실제로 얼굴을 보면서 중고품을 거래하는 당근마

켓을 이용하는 국민 숫자가 급격히 늘고 있는 현상을 보도한다. 최근 조사에 따르면 한국인이 가장 자주 사용하는 앱 순위에서 당근마켓이 페이스북과 인스타그램을 제쳤다. 이 중고품 직거래 플랫폼은 나름의 인증과 신뢰도 판단 체계를 갖추고 있지만, 이용자 중에는 여전히 판매자의 사기나 구매자의 매너 없는 행태로 인해 중고 거래의 피로감을 호소하는 사람들이 있다. 하지만 당근마켓의 사용 빈도와 이용자가 갈수록 늘고 있다는 것은 동네 주민들과 더 연결되고 싶은 사람들의 욕구를 바탕으로 지역 커뮤니티 문화를 재건하겠다는 이 플랫폼 대표의 경영 철학에 사람들이 적극적으로 호응하고 있는 모습으로 보인다.

'공유경제sharing economy'는 '남는 재화와 용역을 정보 기술을 통해 재분배하고 재사용할 수 있게 하는 지속가능한 경제체제'라고 정의할 수 있다. 공유경제 전문가 앨릭스 스테파니Alex Stephany는 공유경제는 남는 자산에 공동체의 다른 사람들이 인터넷으로 접근할 수 있게 만들어 잉여를 공동체에 재분배하는 것이라고 설명한다.[*] 따라서 공유경제가 발생하려면 반드시 '유휴 자산'과 '플랫폼'이라는 두 가지 요소가 있어야 한다.

---

[*] 공유경제의 정의와 구성 요소에 대한 내용은 앨릭스 스테파니, 《공유경제는 어떻게 비즈니스가 되는가》, 위대선 옮김, 한스미디어, 2015 참조.

먼저 유휴 자산을 살펴보자. 집 안을 돌아보면 구매해 놓고도 거의 사용하지 않는 물건이 얼마나 많은가. 유휴 자산에는 아기 옷, 자전거, 자동차, 드릴 같은 물질적 유형 자산뿐만 아니라 시간과 기술, 서비스 같은 무형 자산도 있다. 따라서 관심사가 비슷한 사람들끼리 취미를 함께하거나 정원을 공유하거나 기술을 교환하거나 주차장을 나눠 쓰는 등 다양한 방식으로 공유가 일어날 수 있다. 두 번째는 플랫폼이다. 개인 간 상거래를 중개하는 이베이eBay나 자동차를 공유하는 집카Zipcar 같은 플랫폼이 존재해야만 인터넷을 통해 유휴 자산에 접근할 수 있다. 플랫폼을 통해 특정 물건이 필요하지 않은 사람으로부터 필요한 사람에게 재배치되면, 사용자들은 물건 값을 전부 지불할 필요도 없고 소유에 드는 비용(유지비, 보험료 등)도 아끼면서 다양한 물품을 누릴 수 있기 때문에 점차 소유의 필요성을 덜 느끼게 된다.

레이철 보츠먼은 '협동소비collaborative consumption'라는 용어를 대중화시킨 인물이다. 협동소비의 뜻은 앞서 본 스테파니의 공유경제 정의와 다르지 않다. 보츠먼의 《위제너레이션What's Mine Is Yours》(2010)은 이제 협동소비에 대한 경전으로 여겨지는 책이다. 이 책은 에어비앤비 같은 플랫폼이 지금처럼 크게 성공하기 전에 공유경제가 어떻게 소비 세계에 혁명을 불러올지 예언한 선언문이다.

보츠먼은 1981년에서 2000년 사이에 태어난 젊은이인 밀레니얼 세대의 특징적인 소비경향을 예리하게 포착한다. 그녀는 인터넷과 더불어 성장한 밀레니얼 세대는 이전 세대보다 교육을 더 많이 받았지만 심각한 경기침체 가운데 훨씬 더 위태로운 취업 시장에 뛰어들게 된 세대라고 분석하면서, 밀레니얼 세대를 소비 혁명의 주역으로 이해한다.

그녀는 "이들은 세상에 대해 개방된 사고를 지니는 경향이 있습니다. 소셜 미디어에 사진과 생각을 공개하는 것에 익숙하죠. 마찬가지로 낯선 사람과 자동차를 함께 나눠 타고 여행도 합니다"라며 밀레니얼 세대가 낯선 사람들과 공유하고 상호작용하는 것에 이전 세대와는 매우 다르게 접근한다고 지적한다. 또한 이전 세대들에게 휴대전화는 소통의 도구이지만, 이 세대는 휴대전화를 다른 제품과 서비스에 접근할 수 있도록 해주어 즉시 만족감을 가져다주는 도구로 여긴다고 강조한다. "밀레니얼 세대에게 휴대전화는 현실 세계에 대한 원격 조종 장치예요. 이들은 스마트폰을 방이든 자전거든 자신에게 필요한 것에 접근할 수 있도록 해주는 도구로 봅니다"라고 분석한다. 그녀는 1980~1990년대에는 사람들이 소비를 통해 자신을 정의하고 '나'만 아는 사고방식에 끌렸는데, 요즘 세대는 '우리'로 되돌아오는 것, 개인을 훨씬 뛰어넘는 공동체적 경험의

일부가 되는 것을 원한다고 주장한다.[*]

하지만 스테파니와 보츠먼은 이런 공유경제 현상들이 낯설게 느껴질 수 있지만, 사실은 친근한 옛날 방식에 뿌리를 두고 있다는 점에 동의한다. 브라이언 체스키Brian Chesky가 자신의 새로운 숙박 공유 사업(에어비앤비)을 설명하자 어머니는 낯선 사람에게 자기 집 문을 열어준다는 생각에 깜짝 놀라는 반면, 체스키의 할아버지는 자신도 어렸을 때 그렇게 여행하곤 했다며 괜찮은 생각이라고 대답했다고 한다. 체스키의 어머니가 어렸을 때는 소비지상주의가 절정에 이르렀던 1950년대였고, 그의 할아버지는 미국인들이 집 주위에 담장을 쌓거나 모든 것을 소유하려 하지 않았던 시절을 살았기 때문이다. 따라서 스테파니는 제2차 세계대전 이전까지 친숙했던 공유경제가 세대를 건너 다시 돌아온 것이며, 공유가 최첨단 소비 현상이면서 가장 오래된 소비 형태고 우리가 이미 경험했던 현상이라는 사실을 강조한다. 그는 공유경제는 이념보다 오래되고 뿌리 깊은 것으로, 자본주의나 사회주의와 같은 이데올로기와는 아무런 관련이 없다고 설명한다. 다만 가진 자와 원하는 자를 짝지을 수 있는 뛰어난 도구인 인터넷이 발명됐기

[*] 기사 「Rachel Botsman: "The sharing economy? It's more about trust than technology"」-〈Morning Future〉 2018년 2월 7일 게재 참조.

때문에 요즘 사람들이 다시 공유를 즐기게 됐다는 것이다.

보츠먼도 인터넷이라는 신기술을 통해 과거 마을사람 사이에 존재했던 돈독한 유대 관계와 신뢰가 재개발되고, 판매자와 구매자, 임대인과 임차인이 중간 단계를 생략하는 효율성을 추구하기 때문에 공유경제 현상이 발생한다고 설명한다.* 사람들은 소셜 네트워크를 통해 거래만 하는 것이 아니라 타인과 관계를 맺고 신뢰를 쌓으며 커뮤니티를 형성한다. 단순한 소유권 개념 대신에 제품과 서비스에 '접근'한다는 발상을 통해 돈과 시간, 공간을 절약할 뿐만 아니라 사람도 사귀는 것이다. 또한 공유경제는 자원의 이용 효율을 높이고 낭비를 줄이기 때문에 과잉생산과 과잉소비에서 비롯된 잉여를 없앰으로써 환경에도 이바지한다. 보츠먼은 특히 공유경제는 죄책감이나 개인의 희생을 강조하지 않고 이익과 가치를 창출하므로, 보통 사람들이 실행에 옮기기 쉽고 매력을 느낄 수 있어 소비 습관을 바꾸고 계속 유지할 수 있게 해준다고 강조한다.

*　레이철 보츠먼, 루 로저스, 《위 제너레이션》, 이은진 옮김, 모멘텀, 2011 참조.

공유지의 비극을 넘어, 사유와 공유는 따로 또 함께

1968년에 생태학자 개릿 하딘Garrett Hardin은 「공유지의 비극The Tragedy of the Commons」이라는 제목의 글을 《사이언스》에 게재했다. 그는 모든 사람에게 개방된 목초지(공유지)가 있다면 그 땅을 사용하는 목동은 가능한 한 많은 가축을 모두 공유지에 풀어놓으려 할 것이기 때문에, 결국 수용 능력이 한정된 공유지에서 비극이 벌어진다고 주장했다. 각자 자신의 최대 이익을 추구하므로 공유지에서의 자유는 모두에게 파멸을 가져온다는 그의 분석은 널리 받아들여졌다. 이는 '외부의 강제력'이나 '사유재산권 설정' 중 하나가 유일한 해법이라는 극단적인 정책 방향을 낳았다.

하지만 개방된 목초지를 둘러싸고 목동들은 서로 의사소통을 전혀 하지 않을까? 이 비극에 대한 해결책은 외부의 강제력이나 사유재산권 설정, 두 가지밖에 없는 걸까? 역사 속 사례들은 그렇지 않다고 말한다. 실제로 엘리너 오스트롬Elinor Ostrom은 몇 가지 조건을 충족하면 '공유지의 비극'은 피할 수 있고, 이용자들이 시장이나 국가보다 자원을 스스로 더 잘 관리할 수 있음을 입증한 연구를 통해 2009년 노벨 경제학상을 수상했다. 오스트롬은 1990년에 발표한 저서 《공유의 비극을 넘어Governing the Commons》에서 서민들의 자치 활동 가능성을 밝히고 공유에 기반을 둔 공동체의 작동 방식과 효율성에 대해 설명했다.

오스트롬은 '시장 아니면 국가라는 이분법에서 벗어나라'라고 말한다. 그녀는 중앙집권화와 사유화라는 두 입장 모두 지나친 일반화라고 지적하면서, 어느 한 문제에 단 한 가지 해결책만 있는 것이 아니며, 다양한 문제가 존재하는 가운데 이에 대처할 수 있는 해결책 또한 다양하게 존재한다고 강조한다. 문제적인 상황을 해결할 수 있는 개개인들의 역량은 상황에 따라 가변적이라는 것이다. 실제로 현실의 제도는 '시장'과 '국가'라는 도식적 이분법대로 완전히 사적이거나 완전히 공적인 경우는 거의 없다. 오스트롬은 현실에서는 공적인 제도와 사적인 제도가 얽혀서 상호의존적으로 존재한다고 밝힌다.

그녀는 지속 가능한 자치 공유 자원의 사례로 스위스와 일본의 산악목초 지대 부락, 스페인과 필리핀 제도諸島의 관개 공동체를 분석한다. 그녀는 오랫동안 지속된 성공적인 자치 공유 자원 제도가 지닌 근본 원리로 네 가지를 제시한다. 첫째, 사용자 대표가 체제의 현황 및 사용을 적극적으로 감시하는 '감시 활동', 둘째, 실행 규칙을 위반하는 사용자에 대한 '점증적 제재 조치', 셋째, 사용자들 간 분쟁을 해결하기 위한 '갈등 해결 장치', 넷째, 외부 권위에 도전받지 않는 사용자들의 '최소한의 자치 조직권

보장'이다.

이 지역 주민들은 오랜 기간 과거를 함께했고, 미래 역시 함께할 것으로 기대하기 때문에 공동체에서 믿을 만한 구성원이라는 평판을 유지하려 한다. 이들 사회에서는 규범이 발전하면서 무엇이 '적절한' 행동인지 구체적으로 정해지고, 사용자들은 믿고 함께 일할 수 있는 사람이라는 평판이 값진 자산임을 알고 있으므로 장기적 이익을 고려해 행동 규범을 수용한다는 것이다. 특히 사용자들이 자원 이용을 관리하기 위한 규칙을 함께 고안하고 감시해왔다는 사실이 중요하다. 규칙이 오랜 시간을 거쳐 고안되고 수정됐기 때문에 이 제도들은 놀라운 지속성과 견고성을 갖추고 있다. 물론 각 부락의 실행 규칙은 제각기 다른 특징을 가진다. 구체적인 규칙 간의 차이는 각 지역의 물리적·문화적·정치적·경제적 특성을 반영한다. 획일화된 규칙으로는 현지 공유자원체제의 긍정적 측면을 활용할 수 없고, 특정 환경에서만 나타나는 특별한 형태의 어려움을 피할 수 없기 때문이다.

이 연구는 최적의 제도적 해결책은 외부 권위에 의해 고안되고 부과되는 것이 아니라 문화적으로 수용 가능한 다양한 규칙이나 시간과 장소에 관련된 변수들에 대한 정보가 필요하다는 진실을 전한다. 현실에서 새로운 제도적 장치가 적절하게 작동하려면, 구체적이고 경험적으로 타당해야 하기 때문이다. 오스트롬의 연구는 성공적인 가치공유자원제도는 사적인 제도와 공적인 제도가 풍부하게 결합된 혼합물이고 사유화와 중앙집권화라는 이분법의 틀에 들어맞지 않는다는 사실을 증명한다.

이처럼 공유경제는 사적인 것과 공적인 것이라는 경직된 이분법의 틀에 구애받지 않는 새로운 경제 패러다임이다. 사유화와 중앙통제라는 도식에서 벗어나 사적인 것과 공적인 것이 혼합된 가운데 자발적·자치적으로 작동하는 경제체제다. 공유경제에서 커뮤니티의 규칙은 참여자들이 그때그때의 상황과 공동체 구성원들의 역량에 맞춰 수정해나가면서 지속성을 얻는다. 또한 구성원들이 규칙위반자에 대한 감시와 처벌에 직접 참여함으로써 공동체는 견고성을 획득해나간다. 따라서 공유경제는 특정한 정치 이데올로기나 경제제도로 환원되지 않는 고유한 정체성을 지닌다. 공유경제에서의 공유는 사유를 부정하지 않고 사유는 공유를 배척하지 않는다. 사유와 공유는 따로 또 함께, 서로를 존중하며 얽혀 있다.

보츠먼은 미래에도 우리는 소유도 하고 공유도 할 것이며, 공유경제와 기존의 소비 방식이 나란히 존재할 것이라고 예측한다. 그녀는 공유경제가 사람들이 귀중한 자유를 포기하거나 개인의 정체성을 잃거나 생활방식을 희생하지 않고도 참여해 자원을 공유할 수 있는 시스템이라는 점을 강조한다. 보츠먼은 협동소비는 엄격한 신념을 요구하지도 않고 본질적으로 이데올로기와 전혀 상관이 없으면서도 사회주의와 자본주의의 요구를 모두 충족하는 흥미로운 현상이라고 한다. 그래서 협동소비를 하는 이들 중에는 진보적이고 사회의식이 높은 사람도 있지만, 자본주의 시장경제와 사익의 원리를 신뢰하고 좇는 사람도 많다고 한다.

공유경제는 소비지상주의가 야기한 환경 위기의 시대를 살아가는 개인들이 자신의 이익을 추구하면서도 자연스럽게 공동체의 이익을 증진시켜 함께 생존할 길을 모색하면서 벌어지는 움직임이다. 나아가 공유경제는 더 이상 '나'로 살기보다 '우리'로 살고자 하는, 삶의 방식의 전환을 의미한다. 이제 우리는 공동체를 예전과 같은 중앙집권적 통제가 아니라 소셜 네트워크를 통해 자발적으로 모이고 협력하는 개방적인 공유의 집단으로 새롭게 인식한다. 우리 시대에 개인의 정체성은 어느 사이트에 접속하고, 어떤 댓글을 달고, 어떤 지식을 공유하고, 어떤 것을 기부하며, 어떤 커뮤니티에 속하느냐로 규정된다. 이제 우리는 개인적 소유와 소비가 지닌 한계를 뛰어넘어 공동체의 유대를 통해 더 큰 인생의 의미를 찾으려고 한다.

선물하는 당신은 이기적이면서 이타적인 사람

선물은 주는 이에게도 받는 이에게도 기쁨이다. 연인에게, 친구에게, 가족에게 또는 스승에게 무엇을 선물해야 상대방 마음에 들지 고민하며 준비하는 과정에서 맛보는 재미가 쏠쏠하기 때문이다. 내 마음속에서 깊이 우러날수록, 선물로 받는 이를 행복하게 해주고 싶은 바람이 클수록 선물을 준비하는 과정의 즐거움도 커진다. 무엇보다 선물은 모든 것을 교환가치로 측정하는 자본주의 경제 구조 바깥에서 벌어지는 예외적인 실천이라는 점에서 매력적이다. 모든 가치가 화폐로 계산되는 삭막한 세상에서 대가 없이 내어주는 행위는 개인이 주체적으로 견고한 구조에 틈새를 내거나 구조 바깥에서 자유롭게 활보하는 즐거움을 맛보게 해주기 때문이다.

버지니아 울프의 소설 《댈러웨이 부인Mrs Dalloway》 (1925)에서 여주인공 클라리사Clarissa가 가장 사랑하는 것은 아름다운 장미꽃과 파티를 여는 일이다. 제1차 세계대전이 끝난 직후 런던에 살고 있는 그녀는 정치가 남편을 둔 가정주부다. 장미꽃과 파티는 둘 다 자본주의 경제의 교환가치와는 무관해보이는 것들인데, 클라리사의 삶에서는 매우 중요하다. 그녀는 짧은 시간 열리는 파티를 위해 초대장을 보내고, 초대하고 싶은 사람들을 미리 방문하며, 꽃과 작은 선물과 파티 물품을 준비하는 번거로운 과정을 마다하지 않고서 자주 파티를 연다. 하지만 자상한 남편마저 이런 클라리사의 행동을 잘 이해하지 못하고 그녀의 친한 친구조차 그녀를 비난하기도 한다.

그녀 자신은 파티를 여는 것을 '선물을 주는 행위'로 정의한다. 만약 친구가 '네 파티의 의미는 뭐야?'라고 묻는다면, 그녀는 "하나의 봉헌an offering"이라고 답할 것이다. 클라리사는 자신의 거실을 다양한 사람들이 모여드는 하나의 집회 장소로 변모시켜 그들이 일상생활에서 잠시 벗어나 욕망을 분출하고 놀이를 추구할 수 있도록 함으로써, 삶 자체를 위한 봉헌을 한다고 여긴다. 그녀는 누구를 위한 봉헌일까 자문하고는 "아마도 봉헌 그 자체를 위한 봉헌"일 것이라고 생각하며, 파티는 자신의 '재능gift'을 활용해 주변 사람들에게 값없이 나눠 주는 자신의 '선물gift'임을 암시한다.

클라리사의 파티는 자신과 다른 사람들을 위한 즐거운 소비의 기회다. 자본주의의 문제는 소비가 아니라 소비할 능력이 없는 사람들이 존재한다는 점이다. 진정한 사회 개혁은 소외되는 사람 없이 모든 사람이 함께 소비를 즐기고, 서로 흔쾌히 내어줄 수 있도록 해야 한다. 이러한 해석의 배경에는 사회주의를 지지하다가 회의를 느낀 울프가 자본주의의 폐해를 극복하기 위해 부유층이 자신들의 돈을 쌓아두지 않고 소비함으로써 소득을 재분배해야 한다는 협동cooperation경제로 전향했던 사실이 자리한다. 이는 부유층이 부를 쌓아둔 채 과잉 물자와 과잉 자본을 위한 시장을 만들려다 보니 식민주의와 제국주의, 세계대전이라는 재난이 발생했다는 두 영국 경제학자 홉슨John Hobson과 케인스John Maynard Keynes의 분석이기도 하다.[*]

나아가 클라리사의 선물이 갖는 사회적 의미는 그녀의 파티가 다양한 인간관계를 조성하고 끊임없는 왕래를 촉진시키는 관계망의 확장을 창조한다는 점에 있다. 이렇게 볼 때 경제구조 바깥에서 발생하는 예외적 실천으로 여겨지는 '선물'을 주는 행위가 사실은 새로운 대안경제 시스템을 작동시키거나 사회적 연결망에 변화를 가져오는 공동체적인 수행이라는 것을 느낄 수 있다. 선물은 선물 그 자체의 경제학과 사회학을 갖는다. 앞서 '호혜주의'를 이야기할 때 살펴본 것처럼 사람은 남에게서 받은 호의를 다시 갚아야 한다는 의무감을 느끼기 때문에 선물을 받은 사람은 받는 것으로 끝나지 않기 때문이다.

리처드 티트머스Richard Titmuss는 《선물 관계The Gift Relationship》에서 상호호혜적인 선물의 증정은 사회적·종교적·경제적·감정적 중요성을 갖는 사건이라는 점을 여

---

[*]   Michael Tratner, 《Deficits and Desires》, Stanford University Press, 2001 참조.

러 인류학자의 연구를 들어 설명한다. 레비스트로스Levi - Strauss와 마르셀 모스Marcel Mauss 등의 연구에 따르면, 선물을 받은 사람은 답례 선물에 대한 의무감을 느끼기 때문에 선물 교환은 도덕적인 실행이며, 선물 교환으로 만들어진 관계는 사회 집단을 단결시키는 가장 강력한 힘 중 하나라는 것이다.[*]

프랑스 사회인류학자 마르셀 모스는 《선물론Essai sur the Don》(1925)에서 선물 행위는 단지 주는 것이 아니라, 주고-받고-보답하는 연속적 과정 속에 있다고 한다.[**] 선물을 주는 것도 받는 것도 다시 보답하는 것도 단지 자발적으로 이뤄지는 개인적 행위가 아니라 의무와 규칙의 형식을 띠는 사회적 행위라고 보는 시각이다. 영문학자 조규형 교수는 선물 행위가 유도하는 주고-받고-보답하는 순환의 흐름은 사회 공동체의 생성·유지·확대를 위한 내적 운동이라고 강조한다. 선물은 사람과 사람을 연결하고 관계 짓는 네트워크를 형성하므로 개인으로 하여금 공동체를 생성하고 유지하며 확대하게 한다는 것이다. 모스는 20세기 초 자본주의의 체제적 모순에 대한 염려가 커지는 상

---

[*] 리처드 M. 티트머스, 《선물 관계》, 김윤태·윤태호·정백근 옮김, 이학사, 2019 참조.

[**] 모스의 선물론에 대한 내용은 조규형, 《선물》, 세창출판사, 2017 참조.

황에서 폭력이나 전쟁, 혁명 대신 '교환'을 통한 평화의 증대에 주목함으로써 현실에 대한 혁명적 부정이나 단순한 긍정이 아닌 양극단 사이의 균형을 취하려 했다. 분명 교환 행위에서는 이익을 창출하려는 각자의 이기심이 작용하지만, 교환 행위를 통해 공동체가 세워지고 확장되는 면에 주목한 것이다.

단순한 물물교환이 직접호혜주의에 기초한다면 '선물경제'는 간접호혜주의 문화를 가리킨다. 선물은 '내가 이것을 네게 주면 당장은 아니더라도 언젠가 너를 포함한 누군가가 내게 필요한 것을 주겠지'라는 간접호혜주의에 기초한다고 할 수 있다. 그래서 이러한 선물경제 형태의 공유경제 플랫폼에서 사람들은 자신이 더 이상 사용하지 않는 물품을 그냥 주면서, 이것을 받은 사람이 언젠가는 이 플랫폼에 내가 받고 싶은 무언가를 올릴 날이 있을 것이라고 믿는다. 자신에게 필요 없는 물건을 다른 사람들에게 선물하기 위해 올리고 이때 받은 포인트로 다른 물건을 구매할 수도 있는 옐들Yerdle 사이트도 그런 예다.

이와 같이 선물경제는 각자 이익을 추구하면서도 다른 사람들의 이익을 배려하므로 이기주의와 이타주의가 적절히 교차하는 지점에 위치하여 협력적인 이기주의 또는 합리적인 이타주의 같은 새로운 윤리관을 낳는다. 19세기 프랑스의 철학자이자 사회학자인 콩트A. Comte는 '이타주의altruism'라는 용어를 처음 사용하면서 '사랑을 주의로, 질서를 기초로, 진보를 목적으로 하는' 윤리원칙이라고 설명했다. 자신의 안위만 생각하는 '이기주의egoism'에 반대되는 개념인 이타주의는 흔히 남을 이롭게 하는 것, 다른 사람의 행복과 복리를 증진시키는 것을 도덕적 행위의 표준으로 삼는 주의로 이해된다. 하지만 공유경제의 작동 원리가 보여주듯 지금 시대의 이기주의와 이타주의는 양극단에 위치한다기보다 섞이고 서로를 보완하면서 더 나은 사회를 만들어 가고 있다. 경영 컨설턴트 앨런 패닝턴Alan Fairnington도 《이기적 이타주의자》에서 21세기는 내게 가장 좋은 것을 하려는 욕망 그리고 환경과 생태계, 다른 사람들을 돕고자 하는 욕구 사이에 균형을 잡는 '이기적 이타주의selfish altruism'의 시대라고 정의한다.

기부·자선 문화는 개인적 차원에서 실천되는 선물의 논리가 조직적이고 제도적인 차원으로 확장되는 것이라고 볼 수 있다. 흥미롭게도 기부와 자선을 하도록 이끄는 이타심에는 당신이 행복하면 나도 행복해질 수 있다는 자기 자신에 대한 사랑이 긴밀히 얽혀 있다. 기부와 자선을 할 때 누군가에게 베풀면 훗날 내게 긍정적인 평판이 돌아온다거나 후손이 복을 받는다거나 나 역시 눈에 보이든 보이지 않든 어떤 보상을 받게 되리란 기대도 원동력으로 작동하기 때문이다.

이러한 측면을 체계화한 실천윤리학자 피터 싱어 Peter Singer는 "효율적 이타주의effective altruism" 개념을 제안한다. 싱어는 《효율적 이타주의자The Most Good You Can Do》(2015)에서 자기를 희생하거나 자신의 이익에 반하는 결정을 하지 않으면서도 남들의 복지를 진중히 염려하고 그들의 삶에 의미 있는 변화를 만들기 위해 노력하면서 본인의 행복을 얻는 효율적 이타주의자들을 소개한다. 그는 자기 희생을 이타주의의 필수 요소로 볼 필요는 없으며, 중요한 것은 '타인의 이익에 대한 배려'므로 타인의 행복 증진이 자신의 행복에 긍정적 영향을 미친다면 그 사람은 이타주의자라고 선언한다. 인간은 기본적으로 이기주의자인데, 타인을 배려하는 행동이 본인에게도 이득을 가져오는 경우 이기주의와 이타주의를 명료하게 가르는 이분법은 무의미하다는 것이다. 여기서 싱어는 재미있는 예를 든다. 만약 이타주의를 타인의 이익을 위해 자신의 이익을 완전히 포기하는 것으로 해석한다면 《신약성서》에서 예수에게 천국에 가는 법을 물었던 부자 청년이 예수의 말씀대로 재산을 모두 팔아 가난한 사람들에게 나눠준다고 해도 그는 이타주의자가 아니라는 것이다. 청년의 행위는 본인의 영생을 얻기 위함이기 때문이다. 따라서 싱어는 누군가의 행복 추구가 타인에 대한 능동적 배려를 포함한다면 그 사람은 이타주의자라고 새롭게 정의하면서, 이런 관점에서 사회에 이타주의를 확대해나가는 데에 집중하자고 제안한다.

　인간이 이타심을 갖는 동기에 대해서는 많은 학문적 논의가 있었다. 크게 이성적 판단에 중점을 두는 견해와 감정적 교감에 중점을 두는 견해로 나뉘지만, 실제 생활에서 이성적 판단과 감정적 교감은 상호배타적이기보다는 상호보완적으로 작용하며 이타심을 유발한다.* 효율적 이타주의자들은 생면부지인 남들의 삶이 우리가 사랑하는 이들의 삶과 동일한 가치를 가진다고 보고, 잠재 수혜자의 수에 민감하게 반응하며 자선단체에 기부할 때도 어느 구호 단체·구호 활동이 가장 효율적인지 조사한 뒤 기부하는 사람들이다. 다른 조건이 동일하다면 가급적 최대의 선을 실현하는 것을 목표로 한다. 이들의 이타주의에는 감정적 교감보다는 이성적 판단이 결정적 역할을 하는 것으로 보인다.

　이러한 효율적 이타주의에 전적으로 찬동할 수 없더라도 이타주의의 발현에도 지혜와 분별력을 겸비함으로써 더 큰 영향력을 발휘할 수 있다는 교훈은 얻을 수 있을 것 같다. 나아가 효율적 이타주의는 우리의 이타심이 감정을 뛰어넘어 알지 못하는 사람들을 향할 수 있다는 논리에

*　　조규형, 앞의 책, 173~175쪽 참조.

보탬이 된다. 공유경제에 참여하는 사람도 공감을 초월해 호혜주의라는 이성적 판단을 토대로 전혀 알지 못하는 사람들의 삶에 기여하려고 노력하기 때문이다. 《냉정한 이타주의자》의 저자 철학자 맥어스킬William MacAskill은 효율적 이타주의 운동을 이끄는 인물로, 착한 일을 할 때에도 과학적인 접근이 필요하다고 한다. 그는 효율적 이타주의는 '얼마나 많은 사람에게, 얼마나 큰 혜택이 돌아가는가? 이것이 최선의 방법인가? 성공했을 때의 효과는 어느 정도인가?'라고 질문하며 최대의 효과를 이끌어내는 선행에 힘을 쏟을 수 있도록 해준다고 설명한다.

효율적 이타주의는 특히 경제선진국 국민들에게 호소하는 이론이다. 부유한 선진국 국민들이 동일한 금액으로 자국의 어려운 사람을 돕기보다 가난한 국가나 개발도상국에 사는 더 많은 사람들을 돕는 것이 더 큰 선을 성취하는 길이라고 설득하는 데 의의가 있다. 같은 액수를 기부해도 자국민 한 사람보다 눈앞에 보이지는 않지만 도움이 더 간절하고 급박한 여러 사람의 삶을 변화시키는 방법을 선택하는 것이 더 효율적이라는 입장이다.

이러한 효율적 이타주의에 수긍이 가는 면도 있지만 동조하기 어려운 면도 있다. 왜냐하면 우리가 가장 많이 사랑하고 돌봐야 할 사람들은 가족과 가까운 이웃이며, 가장 먼저 도와야 할 사람은 당장 눈앞에서 곤궁에 처한 사람이기 때문이다. 이 사람들은 우리에게 특별히 맡겨진 사람들이다. 이 사람들은 우리의 삶 속에 찾아온 사람들이고, 우리는 이 사람들에 대한 책임을 짊어진다. 레비나스의 타자윤리가 설명하듯이, 타인의 '얼굴'은 우리에게 말을 걸어오며 우리가 이 '얼굴'에 응답하는 것이 윤리의 시작이기 때문이다.

또 하나 효율적 이타주의의 한계는 기부의 영향력과 효과를 오직 수치로 계산하여 정량적으로 평가하는 방법론에 있다. 기부의 효과 중에는 통계로는 추적되지 않는 오묘한 질적 변화도 많다. 기부가 장기적인 효과에 이르기까지는 예상하기 어려운 우연적인 요소들이 개입하기 때문에 때로는 예측하지 못했던 놀라운 결과를 가져오기도 한다. 예를 들어 당신이 베푼 한 끼 식사가 어떤 한 사람을 살렸는데, 훗날 그가 인류 전체를 굶주림에서 구해줄 획기적인 기술을 발명하는 과학자가 될 수도 있는 것이다. 따라서 산술적 정보에만 입각해서 그 효율성을 평가하는 것은 한계가 있어 보인다.

소유 양식의 삶에서 존재 양식의 삶으로

정신분석학자이자 사회심리학자 에리히 프롬Erich Fromm은 《소유냐 존재냐To Have or to Be?》(1976)에서 소유 양식의 우위로부터 존재 양식의 우위로 인간 성격이 근본적으로 바뀌는 것만이 우리를 심리적·경제적 파국으로부터 구해줄 수 있다고 단언한다. 그는 사물로 환원되는 정체된 소유 양식의 삶으로부터 생산적이며 능동적인 경험을 통해 살아 있는 존재 양식의 삶으로 변화할 것을 현대인들에게 제안한다. 프롬은 우리가 소유 양식을 감소시키는 만큼, 소유물을 고수함으로써 안정감과 정체성을 찾는 것을 멈추는 만큼 존재 양식이 출현한다고 봤다. 하지만 사람들은 대부분 자신이 소유한 물건에 의해 지탱되지 않는다면 무너져버릴 것이라는 환상에 붙잡혀 소유 지향성을 포기하기가 매우 어렵다고 느낀다는 것이다.

존재 양식의 삶이란 내면의 활기, 인간적 능력을 생산적으로 사용하는, 능동적이고 활동적인 삶이다. 그래서 독립심과 자유, 비판적 이성이 필요하다. 능동적이 된다는 것은 자기 자신을 새롭게 하고, 성장하고, 흘러넘치고, 사랑하고, 자신의 고립된 자아를 초월하고, 관심을 갖고, 경청하고, 주는 것을 의미한다. 따라서 존재 양식의 삶은 자아중심주의와 이기주의를 포기하고 상호적인 살아 있는 관계맺음의 과정 안에서 타인과 자신을 분리하는 장벽을 극복할 것을 요구한다. 프롬은 이렇게 변화된 '새로운 인간'의 출현을 장려하는 '새로운 사회'의 도래를 구체적으로 설계하면서 새로운 인간은 다음과 같은 자질을 보여준다고 한다.

○ 자기 소유물의 노예가 되려는 욕망이 아닌, 있는 그대로의 자기 존재에 대한 믿음, 관계성, 관심, 사랑, 주변 세계와의 연대에 대한 욕구에 기초해 안정감, 정체성, 자신감을 느낀다.

○ 축적하고 착취하는 것이 아니라 주는 것과 공유하는 것에서 기쁨을 느낀다.

○ 물건과 권력이 아니라 생명과 생명의 성장에 속한 모든 것이 신성하다는 것을 깨닫고 다양한 방식으로 나타나는 생명을 사랑하고 존경한다.

○ 탐욕과 증오를 가능한 한 줄이고, 철저한 자립을 통해 완전한 능동성으로 돌봄과 나눔에 헌신한다.

○ 비판적이고 냉철한 사유 능력과 더불어 사랑의 능력을 계발한다.

○ 자기 자신과 동료 인간들의 완전한 성장을 삶의 최고의 목표로 삼는다.

○ 모든 생명과 자신이 하나임을 감각하여 자연을 정복하고, 지배하고, 착취하고, 약탈하고, 파괴하려는 목적을 버리는 대신 자연을 이해하고 자연과 협력하려고 노력한다.

○ 끊임없이 성장하는 살아 있음의 과정에서 행복을 느낀다.

프롬은 새로운 사회의 모델은 비소외적이고 존재 –
지향적 개인을 필요로 하며, 인류가 병리적인 소비를 그
치고 자유로워지려면 경제체제의 급진적 변화가 필요하
다고 진단한다. 그는 인류가 비인간적인 가난 속에 살지
도 않고, 계속적인 생산 증가를 요구하며 소비 증대를 강
요하는 자본주의 생산법칙에 의해 '소비하는 인간Homo
consumers'이 되도록 강제되지도 않아야 한다고 강조한다.

공유경제는 소비하는 인간에서 존재 – 지향적인 인간
으로 변화하려는 움직임이다. 소유물에 집착하면서 정체
되는 대신 공동체에 참여하고 관계를 창조해나가는 능동
적인 경험을 선택하는 것이다. 공유경제는 자신이 부여받
은 재능과 내면의 능력을 적극적으로 세상에 내놓고 사람
들과 함께 나누면서 자신과 타인의 성장을 이뤄가는 존재
양식의 삶이라고 할 수 있다.

어디에도 없지만 어디에나 있는 유토피아

영국의 인문주의자 토머스 모어Thomas More는 1516년
에 소설 《유토피아Utopia》를 출판했다. '유토피아utopia'는
모어가 그리스어의 '없는ou'과 '좋은eu'을 동시에 연상하
게 하는 'u'와 '장소toppos'를 결합해 만든 용어다. 따라서
유토피아는 지금 여기에는 존재하지 않지만 누구나 즐거

울 수 있는 이상적인 사회며, 모든 사람이 진정한 쾌락을 평등하게 누릴 수 있는 사회라 할 수 있다. 그로부터 1세기 후에 프랜시스 베이컨Francis Bacon은 《새로운 아틀란티스 The New Atlantis》라는 유토피아 소설을 발표했다.

영문학자 김종갑 교수는 모어의 《유토피아》가 재산과 노동을 균등하게 분배하는 미덕의 유토피아를 꿈꾸었다면, 베이컨의 소설은 기술 문명의 진보가 물질적 풍요와 노동으로부터의 해방을 가져오는 과학의 유토피아를 그리고 있다고 설명하면서, 먼 미래의 유토피아적 관점에 입각해서 현실 어둠의 부위를 집어내는 것이 유토피아 담론이 갖는 비판적 기능이라고 강조한다. 17세기에 유토피아 소설 장르가 유행했던 이유는 더 매혹적인 다른 세계를 보여줌으로써 현재 체제의 문제점을 조명하고 대안적인 가능성을 제안하는 데에 효과적이었기 때문이다. 이처럼 유토피아는 현실과 상상이 만나는 장소라고 할 수 있다.

현재는 과학기술이 베이컨이 상상했던 것 이상으로 진보했으나 이것이 독이 될지 약이 될지는 우리에게 달렸다. 분명한 것은 기술의 발달로 현실과 상상이 국경과 영토로부터 자유롭게 만날 수 있는 장소를 제공받았다는 것이다. 물론 공유경제 시대에 우리가 고민하고 풀어야 할 숙제가 많다. 예를 들어 공유경제는 플랫폼 이용자가 피해를 입었을 때 나서서 해결하고 보상해줄 주체가 불분명하다는 책임 소재의 문제가 제기될 수 있다. 보츠먼은 《신뢰이동》에서 플랫폼으로 큰 이익을 보면서도 정작 문제가 생기면 책임은 회피하는 공유경제 플랫폼을 비판한다. 또 사회학자 알렉산드리아 래브넬Alexandrea Ravenelle은 플랫폼 기업이 이익의 대부분을 편리하게 가져가고 독립 계약자인 공유경제 노동자들은 일자리의 불안정성과 노동 과정의 고통에 무방비하게 노출되는 기업 시스템을 비판한다.* 요즘 우리도 언론을 통해 과로로 쓰러지거나 교통사고 위험에 노출된 배달업 종사자들에 대한 보도를 자주 접한다. 이는 '공유'와 '협력'이 비즈니스 모델로 전환될 때 본래의 정신과 가치가 유지되기 어려운 측면이 있음을 보여준다. 기업화되지 않은 공유야말로 관계적 존재를 있는 그대로 나타나게 하는 진정한 공유일 것이다.

하지만 우리는 이러한 문제점에만 집중해 급류처럼 밀려오는 변화의 흐름이 의미하는 미래적 잠재성을 간과해서는 안 된다. 우리는 낙관으로도 비관으로도 치우치지 말고 공유경제의 취지를 성취해 나갈 수 있도록 시스템을 지속적으로 재구성해나가야 한다. 현재 우리는 공유경제를 통해 사회적 지위나 빈부에 관계없이 각자 지닌 자원

* 알렉산드리아 래브넬, 《공유경제는 공유하지 않는다》, 김고명 옮김, 롤러코스터, 2020, 22쪽 참조.

과 재능을 서로에게 재분배하기도 하고 물리적 경계를 뛰어넘어 관심사가 비슷한 사람들끼리 생활양식을 공유하고 관계의 연결망을 확장하기도 한다. 따라서 공유경제는 밀레니얼 세대를 중심으로 현대적 방식으로 새롭게 시도되는 유토피아라고 할 수 있지 않을까? 이 유토피아는 각자의 생활방식에 밀착되고 유연성과 자율성을 누리면서도 서로에게 필요한 자원을 공유하는 형태로 전개되고 있다. 과거의 유토피아 공동체는 기존의 삶의 터전을 떠나거나 익숙한 생활방식을 포기해야만 했기에 자주 실패했다. 하지만 새로운 공유의 공동체는 일상 속에서 문화의 일부로서 자연스럽게 향유될 수 있는 형태다. 공유경제는 이제 공간 속이 아닌 시간 속에 존재하는 인터넷 네트워킹을 통해 평등과 즐거움을 추구하는 유토피아 공동체를 향하고 있는 듯하다.

공간을 공유하며
서로 돌보는 삶

코워킹 스페이스, 혼자 일하지만 함께 있고 싶은 당신

소셜 네트워킹을 통해 공동체에 대한 감수성을 복원하려는 현대인의 심리에는 어떤 집단에 속박되지 않으면서도 다른 사람들과 어울리고 싶은 욕구가 자리한다. 생계를 위한 업무에 몰두하는 시간에 이런 욕구를 충족할 수는 없을까? 다양한 분야에서 독립적 작업을 하는 사람들이 작업장이나 오피스를 공유하는 협업, 코워킹coworking은 이러한 욕구의 표현이라고 볼 수 있다. 코워킹 스페이스 coworking space는 다양한 분야에 종사하는 사람들이 같은 공간에 모여 독립적인 활동을 하면서도 의견을 공유하며 네트워킹 효과를 얻을 수 있도록 조성된 공간이다. 코워킹은 2000년대 중반에 샌프란시스코, 뉴욕 등 미국의 프리랜서를 중심으로 시작돼 전 세계로 확산됐으며, 우리나라도 도심 곳곳에 코워킹 스페이스가 늘어나고 있다.

코워킹 스페이스는 상대적으로 적은 임대료만 내면 사무 공간과 회의실은 물론이고 인터넷, 프린터, 복합기 등 사무기기를 공동으로 사용할 수 있고, 관리비, 냉난방, 청소, 정수기 렌탈 비용, 커피와 맥주 등의 부대 비용을 절약할 수 있어 20~30대 프리랜서들과 스타트업의 이용이 급증하고 있다. 코워킹 스페이스의 공간들은 밀레니얼 세대의 취향을 공략한 넓고 편안한 분위기로 설계돼 있다. 단순히 공간을 분할 임대한 사무실과 달리 코워킹 스페이스는 각종 서비스를 무료로 제공하고, 비지정 좌석을 운영해 다른 일을 하는 사람들과도 쉽게 친해질 수 있도록 커뮤니티와 네트워킹 문화 분위기를 조성해준다.

영국 런던을 기반으로 설립된 코워킹 스페이스 '세컨드홈Second Home'은 친환경적이고 창조적인 공간 설계가 특징적인 곳이다. 런던, 리스본 등에 독특하고 아름다운 공유 공간을 만들어오던 세컨드홈은 최근 로스앤젤레스에 '세컨드홈 헐리우드Second Home Hollywood'를 열었다. 도심 한복판이지만 마치 밀림처럼 수천 개의 나무와 식물이 심어져 있는 정원 속에 60여 개의 노란 타원형 사무실이 자리한다. 일하는 내내 투명한 사무실 벽을 통해 정원의 숲을 바라볼 수 있는, 그야말로 자연친화적인 공간이다. 정원 사이로 난 길을 걸으며 커피를 마시다 보면 낯선 사람과도 자연스럽게 친해질 수 있을 것 같다.

2005년에 브래드 뉴버그Brad Neuberg는 프리랜서 프로그래머로 일하던 중 왜 조직과 커뮤니티가 있는 직장에 나가거나 자유롭고 독립적인 프리랜서가 돼야만 하는지, 둘 다 가질 수는 없을지 고민하기 시작했다.[*] 그는 컴퓨터 기술자 세 사람을 불러모아 샌프란시스코의 한 장소를 일

---

[*]   뉴버그에 대한 내용은 레이철 보츠먼, 루 로저스, 《위 제너레이션》, 이은진 옮김, 모멘텀, 2011, 219쪽 참조.

주일에 이틀씩 임대해 접이식 테이블, 인터넷, 프린터를 설치하고 회의실을 만들었다. 이 작업이 코워킹이라는 세계적 운동이 될 거라고는 생각하지 못했지만, 그의 작업은 코워킹이라는 이름으로 세상에 퍼져 나갔고 다른 프리랜서들도 그가 만든 장소에 들르기 시작했다. 그들 역시 전통적 사무실로 돌아가기는 싫지만 혼자 일하면서도 누군가와 얼굴을 맞대고 도움을 주고받는 커뮤니티를 원하는 사람들이었다. 이제는 미국 전역과 영국에서 이런 코워킹 스페이스를 볼 수 있다. 프리랜서들은 절반은 헤드폰을 낀 채 노트북 앞에 앉아 일하고 절반은 휴게실에 모여 교류하며 '홀로 또 같이' 일하고 있는 이런 공간은, 보츠먼이 표현한 대로 카페의 활기차고 창의적인 면과 작업 공간의 생산적이고 기능적인 면을 결합한 '제3의 공간'이라고 할 수 있다.

우리나라도 스타트업들이 밀집한 강남 테헤란로 일대에 코워킹 스페이스가 많이 생겼다. 현재 우리나라의 대표적인 코워킹 스페이스는 위워크WeWork와 패스트파이브fastfive다. 위워크는 글로벌 기업이고 패스트파이브는 국내 기업이다. 현재 더 건실한 성장세를 보이는 패스트파이브는 강남뿐 아니라 광화문, 시청, 여의도, 홍대입구, 서울숲, 성수 등 서울 시내 주요 업무 지구에 27개 지점을 열었다. 특히 최근 패스트파이브가 1인 기업 또는 프리랜서를 위해 출시한 개인 맞춤형 상품의 이용자가 출시 반년

만에 7배 증가했다는 보도도 있다. 두 곳을 모두 이용해본 사람들은 각각 장단점이 있다고 한다. 국내에서도 코워킹 스페이스에 대한 수요는 더욱 증가하고 다양해지는 추세다. 하지만 나는 이용자들이 업무 효율성에 만족하고 있는지 실제로 네트워킹 효과가 발생하고 있는지 무척 궁금하다.

코워킹 스페이스에서 일하면 회의를 하기에는 좋지만 1인당 사무 공간이 부족해서 장시간 깊은 업무를 보기에는 불편하다거나 소음을 없애고 사생활 침해를 받지 않기 위해 헤드폰을 쓰고 말을 줄이기 때문에 오히려 더 외로워진다는 연구 결과도 있다. 스타트업얼라이언스Startup Alliance Korea는 2018년 6월에 국내 코워킹 스페이스 입주 경험자들을 대상으로 한 설문조사 결과를 보고서로 발표했다. 예상했던 대로 응답자들이 지적한 가장 큰 단점은 과도하게 개방적인 공간 디자인 때문에 발생하는 소음 등의 방해였다. 주변 환경이 시끄러워 대화를 나누기 어렵고, 다른 사람들이 있어 민감한 사항을 논의하기가 불편하다는 점이다. 더 안타까운 점은 네트워킹 효과는 미미하다는 것이다. 네트워킹에 참여한다고 응답한 사람은 40%, 참여하지 않는다고 응답한 사람은 60% 정도였다. 네트워킹에 참여하지 않는 이유로는 네트워킹이 도움이 되지 않는다거나 필요성을 느끼지 못한다는 의견이 많았다. 반면에 응답자들이 꼽은 가장 큰 장점은 편의시설 이용과 일반

타이완에 위치한 위워크 사무실

'따로 또 같이' 일할 수 있는, 자유로운 사무실 환경이 조성돼 있다. 칸막이가 쳐져 있는 일반적인 사무실과 달리 여러 인테리어 요소가 돋보이며, '세컨드홈 헐리우드'처럼 여러 식물들이 심어져 있어 자연친화적인 분위기를 형성하고 있다.

임대로는 입주하기 어려운 대로변의 큰 규모 사무실을 사용할 수 있는 것 그리고 가격인 것으로 보아 국내 코워킹 스페이스는 아직까지는 인간적 상호 교류보다는 실용적 필요 면에서 기능하고 있는 것으로 보인다.

하지만 공간을 공유한다는 참신한 발상이 실현되고 있는 만큼 소통과 교류의 확장이라는 취지도 살아나는 방향으로 성장해나가길 기대해본다. 보츠먼은 앞으로 10년 안에 노동자의 절반이 '독립 노동자', 즉 프리랜서·외주인력·비정규직으로 일하게 될 것이라고 전망한다. 1인 기업과 프리랜서가 경제 구조의 대세로서 비중이 커질 미래를 내다보며 이런 공유 공간을 적절하게 발전시킬 방안을 모색해야 할 것이다. 개인의 업무 시간이 소외되지 않고 주체적·생산적이며, 창조적으로 살아 있는 시간이 될 수 있도록 함께 일하는 공간을 만들어나가려는 시도는 계속될 것이다.

코하우징, 집 안으로 들어온 마을 공동체

요즘 유튜브나 테드TED 강연을 둘러보면 코하우징 co-housing을 미래의 주거 모델로 소개하는 내용을 쉽게 만날 수 있다. 〈PBS 뉴스하우어PBS News-Hour〉 유튜브 채널에 올라온 〈코하우징 공동체가 사회적 고립을 방지하도록 돕는다Cohousing communities help prevent social isolation)라는 영상은 덴마크의 한 건축가와 그의 가족이 자신뿐 아니라 20명의 이웃을 위해 저녁식사를 준비하는 모습으로 시작된다. 이 공동체주택의 거주자들은 1주일에 4번 공용식당에서 함께 식사를 하고, 돌아가면서 식사 준비를 맡는다. 덴마크와 미국에는 서로 다른 연령대로 구성된 공동체에서 살기로 선택한 사람들이 있으며, 이것이 일과 가정의 균형을 이루고자 하는 젊은 세대와 노년층 사이에 사회적 결속을 강화시켜준다고 한다. 거주자들은 이런 주거 모델은 상호의존적인 환경을 조성하고, 나이 들어가는 과정에 대해 모두 편안하게 느끼도록 도와준다고 한다.

〈코하우징: 공동체와 인간관계의 미래Cohousing: The Future of Community and Human Connection〉라는 테드 강연에서 하프너Trish Becker-Hafnor는 주택 구입 비용 감당과 세계적 유행병인 외로움이라는 문제를 모두 다룰 수 있는 주택 공급 해결책으로 공동체주택을 열렬히 옹호한다. 그녀는 자신이 교외 지역에서 겪은 외로움과 공동체에 대한 욕망에 자극받아 콜로라도 덴버에 새로운 코하우징 공동체를 세웠다. 우리는 서로 연결돼 있을 때 가장 살아 있으며, 고립돼가는 세계에서 세대 간 공동체적 삶이 대안을 제공한다고 믿는다. 그녀는 자신의 공동체를 소형 마을micro-village이라고 부르면서 다른 사람들에게도 서로를 발견하고 그들만의 소형 마을을 건설하라고 촉구한다.

이러한 새로운 주거 형태에 대한 독자들의 느낌은 어떤가? 가구별로 독립된 주택을 소유하면서도 공용 공간을 중심으로 식사를 함께하는 등 가족과 같은 유대를 형성하며 사는 코하우징 공동체에 대해 다양한 의견이 나타나고 있는 듯하다. 코하우징을 이웃과 함께 서로를 돌보는 삶의 방식으로 제안하는 건축가 그레이스 김Grace Kim의 테드 강연에 대한 댓글 중 흥미로운 몇 가지를 소개해본다.*

"잘 맞는 공동체와 함께라면 멋질 테고, 안 맞는 공동체와 함께라면 재난이 되겠네."

"주의 깊게 걸러진 공동체라면 외향적인 사람들에게는 괜찮은 선택일 것 같아."

"나의 현재 이웃들을 알게 된다면, 코하우징은 악몽이 될 거야! 만약 내가 이웃들을 선택할 수 있고 우리가 마음이 맞고 비슷한 가치들을 공유한다면, 잘될 수 있을 거라는 말이야."

"목표와 가치를 공유하는 사람들이 함께 살 때만 잘될 거야."

* Grace Kim의 테드 강연 〈How cohousing can make us happier (and live longer)〉 참조. https://www.ted.com/talks/grace_kim_ how_cohousing_can_make_us_happier_and_live_longer.

실제 코하우징 경험자의 긍정적인 의견이 눈에 띄기도 한다. 내성적인 사람들의 의견도 여러 가지인 듯하다.

"오늘은 밴쿠버 섬의 크릭사이드로 이사 온 지 6년 되는 날이에요. 내가 내린 최상의 선택입니다. 모든 사람을 알지 못하고 모두를 좋아하지는 않지만, 내게 매우 다정한 몇 사람이 정말 좋아요. 브런치와 회합도 좋고요. 연주회를 비롯한 사교 활동이 여기서의 삶을 근사하게 만들어줍니다. 나는 여기서 늙어 갈 것을 고대합니다."

"내성적인 사람으로서 얼마나 불안을 초래할지 상상할 수 있어. 내게 집은 피난처야. 나만의 사적인 공간. 대안적인 삶의 방식이고 흥미로운 개념이긴 한데 모든 사람을 위한 것은 아닌 게 확실해."

"나는 좋을 것 같아. 주변에 사람들이 있는 것이 내성적인 것을 극복하도록 도와줘. 사람들을 알게 되는 최상의 방법은 함께 음식을 먹는 거야. 한 집단으로서 음식을 나누는 것은 우리가 더 자주 해야 할 일인 것 같아."

여기서 용어의 정확한 정의를 알아보자. '컬렉티브 하우징collective housing(집합주택)'은 각 주택에 한 가구가 살고 있고 이런 주택 몇 채로 형성된 하나 이상의 건물을 뜻한다. 시간이 흐르면서 이 용어는 가족 관계가 없는 사람들이 공동으로 사용하는 거주지를 의미하게 됐다. 한편 '코하우징'은 북유럽에서 인기 있는 특별한 생활 시스템을 뜻한다. 모두 공동체, 상호작용, 이웃 간 지원을 강조하는 주택 프로젝트다. 공동체주택의 참여자들은 연합하여 협동조합을 구성한다. 입주할 사람들이 직접 건축가와 함께 설계에 대한 결정을 내리는 개방적이고 독특한 방식을 취하기 때문에 코하우징은 건물을 짓는 일일 뿐만 아니라 수평적이고 자율적인 공동체의 기초를 세우는 일이기도 하다. 공동주거 프로젝트는 대개 에너지 소비를 최소화하고, 재생 가능 에너지와 생태학적 전략을 장려한다.* 우리에겐 아직 신기해 보이지만, 이 시스템은 덴마크 등 스칸디나비아 국가들에서는 매우 흔하게 볼 수 있다. 하지만 코하우징의 방향성은 과거 동양 사회의 대가족 형태와 마을 공동체의 품앗이 문화와 닮은 점이 많다.

먼저 가까운 일본에서 실현되고 있는 코하우징을 알아보자.** 2003년부터 시작된 '칸칸 모리'는 일본에 처음으로 만들어진 컬렉티브 하우스다. 0세부터 80대에 이르

---

* 공동 주거의 용어 정의와 설명은 기사 「Collective housing strategies in spain. what is the meaning of co-housing?」-〈MCH: Master in Collective Housing〉 2018년 10월 7일 게재 참조.

** 일본의 코하우징에 대한 내용은 아베 다마에·모하라 나오미, 《함께 살아서 좋아》, 김윤수 옮김, 이지북, 2014 참조.

는 폭넓은 연령대로 구성된 40여 명의 구성원들은 육아와 돌봄을 나누는 등 서로 의지하는 생활 방식을 추구한다. 각 가족이 부엌과 욕실을 갖춘 구분된 생활 공간을 지니지만, 함께 모일 수 있는 부엌과 식당 등 공유 공간이 있어 가사를 나누고, 매주 두세 번 '공동 식사common meal'를 한다. 20대 독신 세대, 아이를 키우는 육아 세대, 노년 세대가 함께 모여 번갈아 가며 공동 식사를 준비하고 청소나 마당 관리도 분담한다. 누군가 부담을 더 지는 일이 없도록 매월 정기 모임을 열어 발생한 문제들을 점검하고 해결책을 찾으며, 청소는 시니어 인재 센터에 일부 위탁하기도 한다.

한편 도쿄에서 벗어나 풍요로운 자연 속에 위치한 '사토야마 나가야'는 독립된 네 채의 집이 이어지고, 그 옆에 커다란 부엌, 게스트 룸 등의 공용 공간인 '코먼 하우스 common house'가 있는 구조다. 이 네 가구는 자연과 인간이 공존하는 지속 가능한 생활을 추구하는 단체에서 서로 알게 돼 함께 땅을 사고 의논하며 코하우징을 설계했다. 삶의 방식이 일치하고 문화적 가치 지향을 공유하는 사람들이 모인 것이다. 각자 자기 집을 구입했기 때문에 각 집의 구조는 각자의 생활 스타일에 맞춰 다르게 설계했다. 가장 큰 장점은 독립된 집을 소유하면서도 옆에 사람이 있다는 것을 느낄 수 있고 현관을 나서면 이웃을 만나 안심할 수 있는 것, 즉 사생활과 공유가 잘 양립된 생활을 할 수 있다는 점이다. 칸칸 모리와 사토야마 나가야는 무엇을 어디까지 공유하는가에 차이가 있다. 하지만 공통점은 공동체에 필요한 규칙을 함께 만들 뿐만 아니라 항상 의논하고 재검토하면서 불편한 점에 맞춰 규칙을 조율하거나 신설하는 등 살아 있는 규칙을 만들려고 노력하는 것이다.

컬렉티브 하우징은 1970년대 이후 스웨덴, 덴마크, 네덜란드 등 북유럽에서 여성의 사회 진출이 활발해지면서 서로 육아와 가사를 돕기 위한 생활방식으로 등장했다는 점에서 직업을 가진 여성들이 더욱 관심을 가져볼 만한 것 같다. 그중 덴마크는 코하우징의 개념이 시작된 나라다.[*] 가사와 식사, 육아 등을 이웃과 협력하여 생활할 수 있는 도시 주거 형태를 고안한 것이 그 시작이다. 특히 덴마크의 코하우징은 생태적 관점에 초점을 맞춰, 코펜하겐 근처에는 환경을 존중하는 방식으로 지어진 '뭉케쇠가르 Munksoegaard'라는 코하우징 주택이 있다. 이외에도 덴마크 여러 곳에 대규모 코하우징 단지가 조성돼 있어 오늘날 덴마크 인구의 1%인 약 5만 명이 컬렉티브 하우스에 산다.

스웨덴은 여성해방운동이 코하우징에 많은 영향을 미친 나라다. 여성해방운동의 영향으로 여성을 위한 가사

[*]   덴마크, 스웨덴, 네덜란드의 코하우징에 대한 내용은 류현수, 《마을을 품은 집, 공동체를 짓다》, 예문, 2019, 277~281쪽 참조.

경감 문제가 사회적 공감을 얻으면서 공동 식당, 탁아 시설, 세탁실 등 공유 공간으로 구성된 아파트 형태 건물이 맞벌이 부부, 자녀 없는 부부, 독신여성, 전문직 부부 등 중산층의 폭발적인 지지를 받게 됐다. 직업을 가진 기혼 여성들의 가사노동 경감을 위해 서비스를 유료로 공급받는 위탁 관리 모델로 출발했지만 차츰 주민들이 주거관리와 가사노동을 분담하는 자치 관리 모델 코하우징으로 개발됐다. 주로 가족 중심으로 단지가 구성된 스칸디나비아식 코하우징과 달리 네덜란드 코하우징은 1인 가구나 미혼 가구, 노인 가구가 주를 이루는 것이 특징이다.

'소행주(소통이 있어 행복한 주택)'는 다른 나라의 코하우징이나 컬렉티브 하우스를 모델로 삼아 2011년 마포구 성미산마을에 처음으로 세워진 우리나라 1호 공동체주택으로, 이후 성미산마을에서만 7개, 그 외 지역에 8개가 등장하며 우리나라 공동체주택의 모델이 된 곳이다. 소행주를 기획한 류현수 건축가는 마을을 잃어버린 도시의 현대인들을 위해 "마을을 집 안으로 가지고 들어오자!"라는 철학으로 소행주 건축 운동을 지속해오고 있다.[*] 그는 우리의 생활 방식이 사는 공간에 의해 결정된다는 점을 강조하면서, 마을이 관계를 가져오고 마당이 소통을 이뤄준다

---

[*] 류현수, 앞의 책, 24쪽, 47쪽, 54쪽, 255쪽 참조.

고 단언한다. 그는 물리적 공간이자 구매 대상인 '주택/하우스house'와 정서적 공간이자 관계와 유대의 공간인 '집/홈home'을 구분한다. 그는 집은 "사는buying 것"이 아니라 "사는living 곳"이라고 정의하면서, 주거의 본질을 "홈이 하우스에 선행한다"는 발상으로 전환하자고 촉구한다.

소행주의 입주자들은 직접 설계에 참여해 맞춤형 주택에 대한 만족감을 얻는다. 전용 공간과 공용 공간, 밀실과 광장의 조화가 소행주의 원리다. 특히 소행주 1호에는 '씨실'이라는 커뮤니티실이 있는데, 입주자들이 한 평씩 각출해 만든 공용 공간이다. 설계 과정에서 대부분의 참여자들은 비용 때문에 부담을 느끼지만, 입주 후에는 어느 곳보다 주민 모두가 아끼고 사랑하는 공간이 된다고 한다. 류현수는 끊어졌던 관계가 이어지고 단절됐던 소통과 대화가 시작되며 함께 식사를 나누면서 관계가 고양되는 공간이 바로 커뮤니티실이라고 설명하며, 같은 공간에서 함께 밥을 먹는 행위는 공동체를 결속시키는 데 더없이 중요한 의례라고 강조한다.

특히 소행주 1호의 공동체 중심적 삶은 가사와 육아를 담당하고 있는 엄마들에게 성공적인 생존 방식으로 추진된 것으로 보인다. 소행주 1호를 구성하는 아홉 가구 중 세 집 엄마들이 일주일에 하루를 정해 세 명의 아이를 돌보고 대신 이틀의 휴가를 얻는 방식인 품앗이 육아를 결정한 것이 시작이었다. 핵가족화로 삶이 간편해지기도 했지만 육아와 가사 등 가정에서의 일이 여성에게 집중된 현실에서 혼자 떠맡던 부담을 공동체가 덜어주고, 혼자 할 수 있는 것보다 더 많은 것을 협동을 통해 이뤄냄으로써 삶이 더욱 풍성하고 윤택해졌다고 한다.* 이 모든 것이 커뮤니티 공간 씨실이 있어서 가능했다고 한다. 한 평씩 모아서 만든 공동 공간은 무언가를 같이할 때 이용되는 장소며 또한 함께 모여 앉아 새로운 것을 도모하게 해주는 거점이라고 한다.

흥미롭게도 소행주 입주자들만 함께했던 '저녁해방 모임'에 동네사람들도 참여할 수 있게 됐다. 아홉 가구가 저마다 반찬을 가지고 씨실로 내려가 함께 식사한 것이 시작이었다. 그러다가 각 집이 돌아가면서 준비하게 됐고, 나아가 이들은 돌아가면서 장을 봐놓으면 요리는 솜씨 좋은 분께 맡기는 방식을 생각해내게 됐다. 장보기 외에도 식단 계획, 설거지와 뒷정리도 가구마다 일주일씩 돌아가면서 한다. 가정의 한 사람이 희생을 감당하기보다 바로 옆의 이웃과 함께 짐을 나누고 덜어내는 방식이다.**

---

　*　소행주, 박종숙, 《우리는 다른 집에 산다》, 현암사, 2013, 220쪽, 226쪽 참조.

　**　저녁해방모임에 대한 내용은 기사 「'저녁이 있는 삶' 공동부엌이 주는 소소한 행복: 마포 성미산마을 소행주 저녁해방모임」-〈오마이뉴스〉 2018년 7월 12일 게재 참조.

이 모든 시도가 성공적이고 누구에게나 적합다고 말하려는 것은 아니다. 현재 실현된 모델이 완성형이라고도 생각하지 않는다. 다만 이들이 지향하는 방향성, 나의 것만 움켜쥐기보다는 나눔을 통해 더 큰 풍요를 깨달아가는 이들의 철학을 공유하고 싶다. 주택이 경제력의 차이와 계층 구조의 상징처럼 돼버린 요즘, 집이 자유와 평등이나 동질감 회복의 공간이 될 수 있다면, 돈으로는 살 수 없는 행복을 확인하는 장소가 될 수 있다면 가치 있는 시도라고 여겨진다. 적어도 이러한 환경에서는 밀폐되고 단절된 상황에서 벌어지는 가정폭력, 아동학대, 존속학대는 자행되기 어려울 것이며 누군가 심각한 우울증 상태에 방치되거나 고독사할 일도 없으리라.

사람이 결혼하기 전 혼자일 때 느끼는 고독은 마음이 잘 맞는 배우자를 만나면 사라질 것 같지만, 막상 결혼하고 나서도 배우자와의 관계나 육아의 어려움 속에서 겪게 되는 또 다른 외로움이 있다. 그러다가 나이가 들고 자녀들이 커서 독립하면 노년의 고독에 직면한다. 다양한 세대의 거주자들이 섞여 서로 도우며 지내는 공동 주거에서는 외로움의 분량이 훨씬 줄어들지 않을까. 비슷한 가치를 소중하게 여기는 사람들을 모을 수만 있다면 직접 함께 이런 작은 마을 공동체를 구축해보는 것도 멋진 일일 것이다.

셰어하우스, 대안 가족의 탄생

　우연히 〈인서울〉이라는 드라마를 보게 됐다. 웹 페이지에 게시된 영상을 클릭했다가 의외로 재밌는 전개와 명랑한 분위기에 빠져 마지막 회까지 다 보았다. 고등학교 때부터 절친한 다미와 하림, 두 친구가 서울에 있는 대학에 진학하여 한 집에서 살면서 벌어지는 이야기를 담은 드라마다. 남녀 캐릭터들이 모두 신선하고 귀여운데다, 무엇보다 두 여대생의 '동거'가 핵심 주제인 것이 독특하고 흥미로웠다. 취미도 비슷한 다미와 하림은 엽기떡볶이와 맥주를 마시며 함께 남자 아이돌 영상을 감상하는 등 동거 생활은 한동안 즐겁고 순조롭게 진행된다. 그러다가 얼떨결에 다미는 과대표가 돼 밖에서 보내는 시간이 많아지고, 하림은 휴학해 온종일 집에서 다미가 귀가하기만 기다리게 되면서 두 사람의 관계는 위기에 봉착한다.

　남자친구와 데이트하는 시간조차 편하게 누리지 못하게 된 다미는 이 난국을 타개하고자 묘안을 짜낸다. 바로 하림에게 새로운 남자친구를 소개하는 것이다. 다행히 하림의 남자 취향은 몹시 단순해서 그냥 '존잘남'이면 된다. 그런데 잘생긴 사람을 구하는 것이 문제다. 그러다가 다미는 인물은 매우 준수하나 다가가기 힘든 성격인 과부대표 철또(철학과 또라이) 선배에게 하림과 만나 달라고 부탁하게 된다. 얼핏 셰익스피어Shakespeare의 희극《말괄

량이 길들이기The Taming of the Shrew》를 떠올리게 되는 설정이다. 이 희극도 비안카Bianca와 캐서리나Katherina, 두 자매의 아버지가 언니가 결혼하기 전에는 절대 동생이 결혼할 수 없다고 선언하자, 동생 비안카의 구혼자들이 언니 캐서리나의 남편감을 찾아주려다 벌어지는 유쾌한 이야기이기 때문이다.

어쨌거나 다미와 하림이 한 집에서 살면서 겪는 희로애락을 지켜보면서 내가 느낀 것은 비록 이 두 사람이 친자매도, 부부나 연인도 아니지만 '한 가족'이라는 사실이었다. 피보다 진한 것은 없어도 혈육과 멀리 떨어져 지낼 때 같은 공간에서 곁에 있어주는 사람보다 더 '가족'일 수 있는 존재는 없을 것이다. 1936년에 발표된 나혜석의 단편소설「현숙」의 여주인공 '현숙'은 카페 여급이자 화가들의 모델로 일하고 있지만 종로에 있는 카페를 인수해 경영하길 꿈꾼다. 그녀는 한 여관에서 장기간 하숙하고 있는데, 그녀의 아랫방과 옆방에는 입선을 꿈꾸며 조선전람회 출품을 준비하는 화가 지망생 L군과 노시인이 살고 있다. 여관에서 현숙, L군, 노시인은 서로의 근심을 이해하고 위로해주며 혈육처럼 생활한다. 노시인은 현숙에게 아버지처럼 걱정 어린 훈계를 하기도 한다. 직업도, 성별도, 세대도 다르지만 한 공간에서 함께 살면서 자연스럽게 일종의 '가족'을 형성하고 있는 것이다.

하지만 시대가 이만큼 바뀌었는데도 가족에 대한 사회적 정의는 여전히 제자리걸음인 것 같다. 세상이 변했으니 가족에 대한 정의도 달라져야 한다. 옷이든 식당이든 영화든 직업이든 다양한 선택지가 존재하고 존중받는 사회가 바람직할 것이다. 마찬가지로 가족의 형태에도 다양한 선택지가 존재하는 사회가 더 성숙하고 발전된 사회일 것이다. 한 여자와 한 남자가 결혼 제도로 묶이고 딸 하나 아들 하나를 낳아 4인 가족을 구성하는 것이 지금까지 우리 사회가 인정하고 제도적으로 지지하는 정상가족의 형태다. 하지만 정상성은 존재하지 않는 허구적 관념이며, 오히려 개인과 사회의 새로운 가능성을 가로막는 걸림돌로 작용하고 있다. 더 이상 정상가족이라는 환상에 사로잡히지 않고, 개인이 진정으로 행복할 수 있는 새로운 형태의 다양한 가족 구성이 사회적으로 지지받고 축복받을 수 있는 사회 분위기가 형성돼야 한다.

실제로 전통적 가족의 굴레에서 탈피한 대안 가족 공동체에 대한 실천은 젊고 진취적인 여성을 중심으로 이뤄지고 있는 듯하다. 비혼 여성들의 다양한 모색이 이제 시작된 것으로 보이며, 앞으로 더욱 퍼져나갈 것이다. 전통적인 형태의 결혼과 가족에 자신을 끼워 맞추지 않아도 행복한 가족을 구성할 수 있다는 열린 가능성은 독립적이고 적극적으로 삶을 꾸리고자 하는 여성들에게 희망이 될 수 있다.

김하나·황선우 작가는 《여자 둘이 살고 있습니다》라는 공저에서 본인들이 개척한 새로운 가족 형태를 용기 있게 공개한다. 이 책은 정신없이 일하며 싱글의 삶을 달려오던 두 여성이 더 이상 혼자도, 셰어하우스도, 결혼도 아닌 새로운 대안적 삶의 방식을 모색하다가 함께 조립식 가족을 이뤄 한 집에서 살면서 벌어지는 이야기를 진솔하게 담고 있다. 셰어하우스와 달리 두 작가는 이 집의 소유주다. 두 사람이 함께 자금을 모아 맘에 드는 주택을 구매했기 때문에 셰어하우스보다는 훨씬 긴밀한 결합이다. 두 작가는 1인 가구와 2인 가구의 장점을 모두 취한 주거 공동체를 시도한다. 두 사람의 삶만큼이나 글에서도 시너지가 형성된 덕분인지 정말 재미있다. 특히 이들이 한 집에서 살게 되면서 겪게 되는 갈등과 화해, 성숙의 과정은 연애 시절을 뒤로 하고 막 살림을 시작한 부부가 맞닥뜨리게 되는 세밀한 일상들과도 닮아 있어 한 집에서 사람과 사람이 함께 살 때 벌어질 수밖에 없는 경험의 보편성에 누구든 웃음 짓게 된다.

황 작가는 뭐든 혼자서 잘해내는 삶을 살아왔지만 좀 느리고 불편하더라도 함께 사는 삶의 재미를 이야기하면서 "혼자 하는 모든 일은 기억이지만 같이할 때는 추억이 된다"*고 표현한다. 그래서 공동체 지향적인 김 작가를 동거인으로서 적절한 사람이라고 판단했다고 한다. 황 작가는 20대에 자신의 미래를 그려볼 때 당연히 결혼한 모습이었던 이유가 주변이나 미디어에서 접하는 30대 중후반 이상의 여성이 대부분 결혼한 모습이었던 영향이 컸다고 지적한다. 상대방과의 깊은 관계와 애정 때문에 결혼을 생각하게 되기보다는 사회문화적으로 학습된 결과로 결혼을 생각하게 됐다는 것이다. 이제 그녀는 집에 오면 언제든지 말이 잘 통하는 좋은 술친구가 있고 자기 집 거실이 최고의 단골 바가 된 것을 자랑한다.

김 작가는 자신들이 탄생시킨 가족을 이렇게 설명한다. "1인 가구는 원자와 같다. 물론 혼자 충분히 즐겁게 살 수 있다. 그러다 어떤 임계점을 넘어서면 다른 원자와 결합해 분자가 될 수도 있다. (……) 단단한 결합도 느슨한 결합도 있을 것이다. 여자와 남자라는 원자 둘의 단단한 결합만이 가족의 기본이던 시대는 가고 있다. 앞으로 무수히 다양한 형태의 '분자 가족'이 태어날 것이다. 이를테면 우리 가족의 분자식은 W2C4쯤 되려나. 여자 둘 고양이 넷."** 그녀는 처음에는 그들이 서로의 극단적 다름을 받아

---

* 김하나·황선우, 《여자 둘이 살고 있습니다》, 위즈덤하우스, 2019, 18쪽.

** 김하나·황선우, 위의 책, 12쪽.

들이지 못해 자주 싸웠지만, 함께 산 지 2년쯤 지나자 거의 싸우지 않는다며 "동거인에게 가장 중요한 자질은 서로 라이프 스타일이 맞느냐 안 맞느냐보다, 공동생활을 위해 노력할 마음이 있느냐 없느냐에 달렸을 것 같다"*라는 깨달음을 들려 준다.

최근 1인 가구의 대안적 삶의 방식으로 부상하고 있는 셰어하우스는 비록 두 작가처럼 함께 주택을 구매하고 소유하진 않지만, 한 공간을 공유하면서 서로에게 정서적인 지지를 제공한다는 점에서 대안적 가족이라고 할 수 있다. 이처럼 셰어하우스를 비혼 여성들이 향유하는 새로운 형태의 가족 공동체라는 측면에서 조명해보려 한다.

셰어하우스 거주자는 주로 20~30대 싱글이다. 셰어하우스를 선택한 첫 번째 이유로 꼽는 것은 혼자 사는 것보다 낮은 집세로 설비가 좋고 넓은 생활 공간에서 살 수 있다는 경제적 이점이다. 하지만 실제로 셰어하우스 거주자들은 친구가 있어 쓸쓸하지 않은 점, 귀가했을 때 누군가 있다는 안심이 들고 대화 상대가 있어 기분이 좋아지는 점, 동거인과 집에 놀러오는 사람들을 통해 평소 자신이 얻지 못했던 여러 정보와 가치관을 접할 수 있는 기회가 증가한다는 점 등 경제적 이점을 초월하는 즐거움을 가

* 김하나·황선우, 앞의 책, 118쪽.

장 큰 이점으로 든다.* 거주자들 중에는 귀가하면 곧장 거실로 간다는 사람이 있을 정도로 많은 사람이 귀가 뒤 거실에 모임으로써 재충전하기도 하고 고민도 나눌 수 있다고 한다.

특히 셰어하우스는 가족으로부터 독립해 도시에 혼자 거주하는 여성이 느끼는 고독감을 해소하는 효과가 있다. 학창 시절에는 늦은 시간까지 친구와 만나 이야기를 나누며 친밀하게 지낼 수 있었지만, 갓 직장인이 돼 바쁜 생활을 하다가 보면 친구들을 만날 틈이 없어지고 공통의 관심사도 줄어든다. 그렇다고 경쟁적이고 긴장감 높은 직장의 상사나 동료가 주말이나 퇴근 후에도 부담 없이 만나 속내를 털어놓을 수 있는 커뮤니티 역할을 해주기는 힘든 것이 현실이다. 따라서 가족과 떨어져 도시에서 직장 생활을 하는 여성들은 피곤한 몸을 이끌고 귀가했을 때 인기척 없는 캄캄한 숙소에 들어서기보다는 동거인 중 누군가는 환하게 불을 켜놓고 가벼운 인사로 자신을 맞아주는 셰어하우스에서 사는 것도 좋을 것이다.

《유쾌한 셰어하우스》는 20대 중반에서 30대 후반의 비혼 여성들이 소행주 2호 중 한 가구인 여성 전용 셰어하우스 '특집'에 살면서 경험한 이야기들을 풀어놓는 에세

---

* 　아베 다마에·모하라 나오미, 앞의 책.

이다. 이들이 말하는 셰어하우스의 장점은 다섯 명이 함께 살기 때문에 구성원 한 명이 이사를 가도 생활이 안정적이며 구성원 사이에 사소한 불만이 생기더라도 다른 구성원을 통해 간접적으로 해소할 수 있다는 것이다. 다른 연령대의 구성원들이 일과 삶에 대한 고민을 나누다 보면 간접 경험으로 인생이 풍부해진다. 누군가 힘든 일을 겪으면 구성원이 함께 듣고 현실적인 조언도 아끼지 않으며 위안을 주는 동시에 극복하도록 도와준다. 무엇보다 사람들과 함께 삶을 공유하고 대화하고 갈등하며 살아가는 법을 배워 나가는 것, 관계 속에서 자기 자신을 알아가는 것이 훗날 빛을 발할 재산이라고 한다.

이들이 셰어하우스에 입주한다고 하자 주변에서 반대하는 사람들이 꽤 있었다고 할 만큼 공동체의 삶은 그저 평탄하지만은 않다. 이들은 사람들이 묻는 두 가지 질문('잘 모르는 사람과 잘 살 수 있을까?', '어떤 사람과 같이 살아야 할까?')에 대해 이렇게 대답한다. 친분이 없던 사람들끼리는 서로 더 조심하게 돼 오히려 불편한 점이나 바라는 점은 솔직하게 이야기할 수 있다. 애정이라는 이름으로 상대의 헌신을 기대하거나 가까운 관계가 손상될까 봐 무조건 참을 필요가 없기 때문이다. 나를 잘 알고 친한 친구보다는 가치관과 삶의 방식에 공감대를 가진 사람과 함께 사는 것이 좋다. 이미 갖춰진 셰어하우스에 입주하는 것도 좋지만, 가치관이나 직업이 비슷한 사람 세 명에서 다섯 명이 모이면 셰어하우스를 직접 꾸리는 것도 어렵지 않다. 일단 두세 명이 모이면, 이들이 주축이 돼 다른 사람들을 연결해 나가면 필요한 인원이 채워진다. 서로를 알아가고 공동 생활에 필요한 여러 준비를 하는 시간을 충분히 갖고 시작하는 것이 바람직하다.

네덜란드 영화 〈안토니아스 라인Antonia's Line〉(1995) 에서 여주인공 안토니아는 딸 다니엘과 단둘이 고향 마을에 돌아온다. 강인하면서 너그러운 그녀가 소외된 이웃들을 한 사람씩 품게 되면서, 함께 생활하는 식구가 점점 늘어난다. 안토니아의 마당 잔디밭에 놓인 식탁에는 점점 다양한 사람들이 둘러앉아 밥을 먹게 된다. 안토니아가 마을에 등장하기 전까지 외로운 삶을 살았던 이 사람들은 비록 혈연이나 결혼으로 맺어진 관계는 아니지만 안토니아를 중심으로 서로 사랑하며 새로운 가족이 된다. 아름다운 네덜란드 전원 위에 펼쳐진 이 공동체의 식탁에는 평등과 자유, 존중과 포용이 흘러넘쳐 마치 모두가 함께 자유롭고 평화롭게 식사하는 천국의 식탁을 연상시킨다. 이제는 신분과 위계 대신에 공유와 관계에 기초한 가족 개념이 정립돼야만 한다. 한 식탁에서 밥을 먹고 한 집에서 함께 살면서 서로 일상을 나누고 같은 방향의 미래를 꿈꾼다면 이들에게 가족이라는 이름을 돌려줘야만 할 때다.

모어의 《유토피아》는 16세기 초 작품이지만 이 소설에 묘사된 이상적인 공동체의 원형을 따라해보려는 시도는 서구 역사 속에서 꾸준히 있었다. 19세기 초에 로버트 오언Robert Owen은 노동자들을 빈곤과 범죄로부터 탈출시키고자 스코틀랜드의 작은 마을 뉴 라나크New Lanark를 운영해 2,400명 규모의 공동체로 발전시켰다. 푸리에 Charles Fourier는 유토피아 공동체를 위한 건물을 구체적으로 제안했고 모든 생산과 소비가 공동으로 이뤄지는 농촌 공동체를 구상했다. 고댕Jean Baptiste Godin이 구현한 '파밀리스테르familistère'라는 노동자 주택단지는 이런 푸리에식 건축 모델이 실현된 사례다. 프랑스 귀즈Guise 마을에 1858년부터 세워져 100여 년 가까이 유지된 파밀리스테르는 탁아소, 보육원 등의 양육 시설과 당구장, 카페 등 생활 시설과 여가 시설을 두루 갖추고 있었다.* 20세기에 들어서자 공동체적인 삶이 약해지면서 이런 유토피아적 공간 설계는 우리에게서 멀어지게 됐다.

코워킹 스페이스, 코하우징, 셰어하우스는 공간을 혼자 점유하기보다 타인과 공유하면서 타인이 나의 삶으로 드나들 수 있도록 문을 열어놓는 시도다. 여기에는 경제적

---

* 유토피아 공동체 실험에 대한 내용은 기사 「유토피아를 향한 희망, 모어는 오늘도 살아 있다」-《고대신문》 2016년 6월 8일 게재 참조.

영화 〈안토니아스 라인〉 중에서

혈연이 아닌 새로운 가족 공동체의 모습

마을 사람들이 안토니아의 마당에 모여 식사하는 모습에서 새로운 가족의
형태를 엿볼 수 있다. 셰어하우스의 구성원들처럼 이들 역시 서로에게 헌
신을 요구하지 않고 삶의 가치관과 일상을 공유하는 관계를 맺고 있다.

논리를 넘어 공동체적인 삶에 대한 그리움과 핵가족화로 멀어져버린 가치들을 복원하고자 하는 열망이 작동한다. 이것이 밀레니얼 세대가 제안하는 새로운 유토피아적 공간 설계일지도 모른다.

예술 작품의 창작은 공유와 협력의 과정이다

예술가 공동체, 창작 공간의 공유

고흐Vincent van Gogh와 고갱Paul Gauguin, 두 후기 인상주의 화가는 1888년 가을에 63일이라는 짧은 기간 동안 남프랑스 아를Arles의 한 노란 집에서 함께 살았다. 소박한 2층짜리 거처는 지금은 존재하지 않지만, 고흐의 그림 〈노란 집The Yellow House〉(1888) 안에서 불멸의 생명을 얻게 됐다. 고흐는 스스로 "남부의 스튜디오"라고 칭한, 전원 속에서 동료 화가들과 함께 살며 공동으로 작업하는 유토피아적 장소를 건설하기 위해 파리에서 아를로 옮겨왔다. 고갱은 자신의 미술상이자 고흐의 동생인 테오Theo로부터 약속받은 재정 지원에 마음이 움직여 고흐의 열정적인 초대를 수락했다. 두 거장의 이 실험적인 동거는 고흐가 격노한 나머지 스스로 자신의 왼쪽 귀를 자르고, 고갱이 황급히 파리행 기차를 타고 떠나버리는 것으로 끝이 났다. 그 후 두 사람이 다시 만난 적은 없지만, 편지 교환을 통해 우정을 이어갔다.

하지만 고흐와 고갱이 아를의 해바라기 색채 집에서 함께 나누었던 9주의 시간은 두 화가 모두에게 매우 생산적인 기간이었다. 두 화가가 서로를 그린 초상화를 포함해 고흐는 36개의 작품을 그렸고, 고갱은 21개의 작품을 완성했다. 〈15송이 해바라기들이 담긴 꽃병〉, 〈론강 위에 별빛이 비치는 밤〉 같은 고흐의 대표적인 걸작도 이때 창작

빈센트 반 고흐, 〈노란 집〉

고흐의 이루어지지 못한 꿈

고흐는 그림 속 〈노란 집〉에 머무르며 유토피아적인 예술가 공동체를 꿈꾸었다. 그러나 고갱과의 관계가 틀어지면서 안타깝게도 그의 꿈은 실현될 수 없었다.

됐다. 열면 협업이 이뤄졌고, 서로의 차이도 더 분명해졌다. 성격이 정반대인 두 사람 사이에 경쟁심도 흘렀다.

하지만 고흐의 꿈은 처음부터 난항에 부딪쳤다. 고흐는 아를을 예술가들의 생활 공동체로 만들고 자신보다 연장자이자 이미 인정받은 화가인 고갱이 공동체의 지도자가 되길 바랐다. 고흐로서는 오랫동안 기다렸던 자신의 멘토가 도착했을 때 마침내 꿈이 실현되는 것 같았지만, 고갱의 마음은 달랐다. 고갱은 아를에서 돈을 충분히 모으고 자신의 진정한 영감의 원천인 카리브해의 섬나라로 돌아갈 계획이었다. 고갱이 이런 의도를 밝히자 고흐의 환상이 산산이 부서졌고, 그때부터 고흐는 고갱이 떠나버릴까 항상 염려했다. 사실 고흐가 마음에 그렸던 예술가 공동체는 이상을 위해 희생하는 거의 수도원적인 집단이었지만, 고갱이 생각한 예술가 공동체는 화가들이 작품을 함께 모아 투자자들에게 지분을 파는 협동조합 같은 것이었다.

고갱이 도망치다시피 파리로 떠나기 전에 어떤 사건이 있었는지는 정확하게 알 수 없다. 두 사람이 어느 날 술집에서 다투다가 화가 난 고흐가 고갱의 머리에 술잔을 집어던지자 고갱이 한계에 도달했다고 알려져 있다. 비록 고갱이 갑작스럽게 떠나버리긴 했지만, 서로에 대한 우정과 예술적 존경심은 손상되지 않아 고흐는 생애의 마지막 몇 달 전까지도 다시 고갱과 함께 그림을 그리는 소망을 품었

다고 한다. 고갱도 고흐의 작품을 깊이 존경했고, 그의 독
특한 기법이 지닌 힘을 잘 알고 있었다.* 두 천재의 이야기
는 창작이라는 고독한 작업 속에서도 다른 예술가들과 창
작 공간을 공유하고 영감과 정보를 나누는 관계에 대한 예
술가들의 갈망을 잘 보여준다.

　　공동의 창작 공간에서 교류망을 구축하며 공유가치
를 실현하는 오늘의 예술가들을 살펴보자. 프랑스 파리의
히볼리가 59번지에는 '호베르의 집Chez Robert'이 있다. 이
곳은 14년간 버려진 채 방치됐던 건물을 세 명의 예술가가
불법으로 점거해 아틀리에로 사용하고 대중들에게 개방하
기 시작하면서 예술가들의 작업 공간이자 예술문화 공간
으로 변모했다. 파리 시가 정부로부터 이 건물을 사들임으
로써 2009년부터 예술가들이 합법적으로 입주할 수 있게
되었다. 시민들이 무료로 관람할 수 있는 전시회, 연주회,
퍼포먼스가 열릴 뿐만 아니라 누구든 작가들이 작업하는
모습을 보거나 작가와 자유롭게 대화할 수 있다. '히볼리
가 59번지Le 59 Rivoli' 홈페이지에 들어가면 입주할 시각

＊　　고흐와 고갱 이야기는 '기사 「Inside Vincent van Gogh and Paul
　　Gauguin's Nine Turbulent Weeks as Roommates」-〈Artsy〉
　　2019년 11월 5일 게재'와 '기사 「How Vincent van Gogh's
　　Tumultuous Friendship with Paul Gauguin Drove Him to Cut
　　Off His Ear」-〈Biography〉 2018년 12월 14일 게재' 참조.

예술가들을 모집하는 공고를 볼 수 있다.

'호베르의 집'을 이끌어 온 세 명의 예술가 도시화의 어두운 상징인 잉여 공간을 무단으로 점거한 후 모두와 교류하고 소통하기 위해 폐허였던 공간을 특권층의 예술 공간이 아니라 공유의 가치를 실현할 수 있는 새로운 문화예술 공간으로 변화시켰다.* 가난한 예술가들에게는 창조하고 거주할 수 있는 공간을, 작품 전시를 원하는 예술가들에게는 전시 장소를 제공하고, 시민들과 예술가가 직접 소통할 수 있는 공간을 만든 것이다. 이들은 일상과 분리된 부르주아적 예술을 폐지하고 예술을 문화의 범주로 끌어들여 일상생활 속에서 예술을 실현하고 삶을 변화시키고자 했다. 이제 이곳은 파리의 현대예술 공간 중 세 번째로 많은 관람객이 방문하는 예술 문화 공간이 됐다.

우리나라에도 공유 가치를 실현하는 예술 문화 공간이 존재한다. 창동예술촌은 지역예술 활성화를 위해 경상남도 창원시가 추진한 도시재생사업으로 조성된 공간이다. 2021년에 9주년을 맞은 이 예술촌에서는 입주 작가들의 작품이 전시된 갤러리, 방문객들이 작가들에게 직접 예술을 배워볼 수 있는 체험 공방 등 다양한 볼거리와 즐길

---

* 이하 '호베르의 집'에 대한 논평은 기사 「이영미의 파리문화기행: 파리의 복합문화예술공간 (2)-'상상력에 권력을, 권력에 상상력을'」-(광주매일신문) 2016년 9월 28일 게재 참조.

거리를 만날 수 있다. 서울시도 2007년 이후 예술가들에게 창작 공간을 제공하고 입주 예술가 사이의 상호교류와 협업을 통해 창작 의욕을 고취시키며, 지역 주민들의 문화 프로그램 참여를 활성화시키기 위해 지역 거점형 종합 예술 공간을 운영해 오고 있다. 남산창작센터, 서교예술실험센터, 금천예술공장, 신당창작아케이드, 연희문학창작촌, 문래예술공장 등 총 11개의 공간이 지역적 특성에 따른 목표를 갖고 조성돼 있다.

이중 유일하게 문학이라는 단일 장르를 전문으로 하는 연희문학창작촌은 2009년에 옛 시사편찬위원회 건물을 리모델링해 개관했다. 집필실뿐만 아니라 작가 전용 사랑방, 예술가 놀이터, 야외 무대, 문학미디어랩 등 커뮤니티 공간이 자리한 이곳은 작가에게는 창작의 산실로, 시민에게는 문학을 가까이 접할 수 있는 교류의 장으로 성장하고 있다.* 이곳은 도심 속에서 얻기 힘든 숲의 정취를 조성해 도심 속 문학인들에게 전원형 집필 공간을 제공하는 것을 목적으로 한다. 일반인들이 향유할 수 있고 시민과 예술가가 소통할 수 있는 낭독 극장과 문학 축제와 같은 장도 마련해 지역 내 문학 허브 역할을 하고 있다.

---

*   연희문학창작촌에 대한 내용은 김보라, 「지역커뮤니티를 고려한 연희동 문학창작스튜디오 계획」, 건국대학교 석사논문, 2016 참조.

한편 상업적으로 번화하고 문화예술 종사자들이 활발히 유입되고 있는 홍대 지역에 조성된 서교예술실험센터가 있다. 2009년에 서교동사무소를 리모델링한 홍대 앞 복합 문화 공간으로 "홍대 앞 예술생태계를 연결하는 예술 플랫폼"을 표방한다. 2013년부터 예술인과 공공기관이 함께 센터를 운영 중이며, 다양한 프로그램을 매년 새롭게 시도한다. 예를 들어 2019년에는 〈홍대 앞 공간교류사업 '같이, 가치' 無有TOPIA(뮤토피아)〉를 기획해 진행했다. 이 행사는 마포구에 위치한 다양한 문화 예술 공간들이 만나 협력할 수 있게 하는 홍대 앞 공간 교류 사업이다. 망원동의 시각 예술 전시 공간, 이대역 근처 음악 서점, 합정동의 문화 휴식 공간, 인디 음악 공간 등 다양한 장르의 장소를 다채로운 프로그램으로 연결했다.

그렇다면 실제로 이런 창작 공동체를 경험한 예술가는 얼마나 만족감을 느낄까? 다른 예술가들과 형성하는 교류와 연결을 통해 창작 활동에 많은 동력을 얻을까? 이 창작 공동체들은 지역의 재생과 창조에 실질적으로 기여할까? 다수의 연구자들은 공동 창작 공간에 입주한 예술가들 사이에 교류가 활성화되고 관계가 긴밀해질수록 예술가 개인의 창작 능력이 향상될 뿐만 아니라 서로 지역에 대한 영감과 정보, 애착과 목표 의식을 공유하게 되면서 지역 사회에도 긍정적 효과를 가져온다고 분석한다.

예술가들은 다른 예술가들과 교류함으로써 개인적 창작 역량을 향상할 수 있기를 기대하며 입주한다. 그런데 창작 공동체의 구성 방식에 따라 예술가 간 교류 정도가 달라지기도 한다. 예를 들어, 공예와 디자인 분야 예술가들이 입주하는 신당창작아케이드는 재래시장인 서울중앙시장 지하의 폐점포를 개조해 조성됐다. 그런데 공공주체에 의해 계획된 창작 공동체인 신당창작아케이드 입주 예술가들보다 예술가들이 개별적으로 모여들어 촌을 이룬 자생적 창작 공동체인 문래창작촌 입주 예술가들이 구성원 사이의 공식적·비공식적 관계망, 즉 네트워크의 형성 수준이 우세하다는 연구 결과가 있다.[*] 신당창작아케이드는 입주 예술가들의 활동이 사적 공간에서의 개인 작업에 국한되는 반면에 문래창작촌은 각종 일상활동을 다양한 공간에서 영위하고 있기 때문이다.

문래창작촌 예술가들은 기존에 입주한 예술가들이 이끌어 입주하게 됐고, 소개 및 우연한 만남 등 자연스러운 계기로 새로운 친분을 구축했으며, 창작촌 보존 등 공동의 목표 의식과 네트워크 형성 의지를 지닌 반면에, 신

---

[*] 문래창작촌과 신당창작아케이드에 대한 내용은 이승훈, 김희철, 안건혁, 「창작클러스터 내 네트워크 수준과 그 영향요인에 관한 연구」, 《한국도시설계학회지 도시설계》 제14권 3호, 2013, 29~44쪽 참조.

당창작아케이드에서는 공식 행사를 통해 입주자 간 안면을 인식하고 있긴 하지만 별도의 필요나 계기가 없는 이상 교류를 촉진하는 매개가 부재했다는 것이다. 공간적 조건의 차이도 중요한 원인이라고 한다. 문래창작촌에는 개별적 만남뿐 아니라 다양한 일상활동을 수용할 수 있는 개방적 교류 공간이 많이 조성돼 있는 데 비해, 신당창작아케이드는 작업실 외에 일상활동을 위한 공간의 범위가 좁아 상호간 접촉 기회가 상대적으로 적었다. 단순히 작업실만 제공되는 것이 아니라 일상활동을 수용할 수 있는 충분한 공간이 마련될 때, 구성원 간에 활발한 교류가 싹트고 진정한 예술인 마을이 될 수 있는 것이다.

만약 해외의 아틀리에에서 작업하길 원한다면 파리 중심부에 있는 파리국제예술공동체La Cité Internationale des Arts에 공모해봐도 좋다. 모든 장르의 예술가가 지원할 수 있다. 1965년에 설립된 파리국제예술공동체는 326개의 아틀리에를 보유하고 있으며, 매년 90개국 1,200여 명 이상의 아티스트가 체류한다. 주한 프랑스문화원 블로그에는 신청자를 모집하면서 선발된 예술가는 파리 마레Marais 지구에 위치한 숙박-작업 공간 1실을 제공받아 3~6달 동안 머물며 연구 창작 프로젝트를 수행할 수 있다고 공지되어 있다.

마지막으로 은평구 녹번동에 자리한 서울혁신파크

를 소개하고 싶다. 질병관리본부가 다른 도시로 옮겨가면서 서울시는 이 공간을 복합 문화 공간으로 재설계했다. 특히 서울혁신파크의 서울이노베이션팹랩Seoul Innovation FabLab은 3D 프린터, 레이저 가공기, CNC 등 디지털 제작 장비와 선반, 밀링, 용접기까지 갖춘 약 150평 규모의 넓은 작업 공간이다. 시민들이 직접 다양한 실험과 제작을 해볼 수 있는 이곳은 기술과 정보를 공유하는 제작자 공동체를 지향한다. 사회문제 해결에 기여하는 프로젝트에 선정된 팀들에게 재료비와 혜택을 지원하면서 팀별로 시민참여단을 모집해 시민들이 기술도 배우고 아이디어도 보탤 수 있게 한다. 팹랩은 시민들에게 3D 프린팅, CNC 가공, 오픈소스 하드웨어 등 다양한 디지털 제작 기법과 응용 기술을 교육하고, 직접 디지털 도구를 활용해 제작 실습을 해볼 수 있는 프로그램을 운영한다.

　　대중은 이런 경험을 통해 공유 공간과 제작자 문화에 대한 새로운 인식에 눈뜰 수 있다. 팹랩은 개인이 비싼 장비를 소유하거나 작업실을 독점하지 않아도 아이디어만 있으면 원하는 창작물을 제작할 수 있는 창작자 공동체에 대한 영감을 준다. 취미와 재미를 위해 이용하는 일반인이든 작품을 제작하려는 전문 예술가든 새로운 발명을 하려는 엔지니어든 창작을 하고 싶은 모두가 제작 도구와 작업 환경을 공유함으로써 자유롭게 만들고 싶은 것을 만들 수 있는 커뮤니티를 꿈꾸게 한다.

　가벼운 장비 공유의 방식으로 책 대신 도구를 대여해 주는 '장비도서관'도 있다. 약간의 회비를 받고 도구를 대여하거나, 무료로 공동체 내에서 도구를 서로 공유할 수 있다. 두 형태 모두 어쩌다 한 번 쓰고는 창고에 보관하게 될 비싼 장비를 구매하는 대신 공동체 구성원 간 나눔을 통해 지속 가능한 사회를 만들자는 가치를 공유한다. 뉴욕주 버팔로시에 위치한 장비도서관thetoollibrary.org에서는 연회비 최저 20달러를 내면 3,000가지가 넘는 장비들을 일주일 동안 빌려 쓸 수 있다. 이 도서관은 해머, 스크루드라이버, 전동 드릴, 전기 사포 같은 도구를 대여해 공동체 구성원이 집과 정원을 고칠 수 있도록 도와준다. 또 개인과 사업체는 이런 도구를 여기에 기증할 수 있다. 이 도서관은 자신들의 임무를 이렇게 설명한다. "우리는 당신이 집을 수리하고, 음식물을 재배하고, 공동체를 개선하는 데에 비용이 장벽이 돼서는 안 된다고 믿습니다. ……우리는 기술과 지식을 공유함으로써 더 강하고, 더 연결된 공동체를 만듭니다."

　다시 고흐와 고갱의 이야기로 돌아가 보자. 이 이야기에 반전이 있다면 어떨까?

　가장 잘 알려진 이야기는 고흐가 고갱과 다툰 후 광기로 자신의 왼쪽 귓불을 면도날로 자해했다는 것이다. 그러나 독일의 역사학자 카우프만Hans Kaufmann과 빌데간스Rita Wildegans는 수년에 걸쳐 목격자들의 증언과 편지들을 조사하여 쓴 책 《반 고흐의 귀: 침묵의 협정Van Gogh's Ear: The Pact Of Silence》(2008)에서 고흐의 귀를 상해한 사람은 고갱이라고 주장한다. 파리로 돌아가려는 고갱의 계획에 몹시 화가 난 고흐는 공격적이 됐고, 두 사람이 격하게 다투다가 고흐가 공격하자 고갱은 자신을 보호하기 위해 무기를 꺼내 고흐를 상해했다는 것이다. 하지만 고갱은 법적 책임을 피하고 고흐는 우정을 보존하기 위해 서로 침묵의 협정을 맺었다는 주장이다.

이 사건 후 고흐가 고갱에게 보낸 첫 편지에서 "나는 이 일에 대해 계속 침묵할 것입니다"라고 했고, 몇 년 후 고갱이 친구에게 보낸 편지에서 고흐를 가리켜 "굳게 입술을 봉한 사나이"라고 쓰고 있으며, 고흐가 테오에게 보낸 편지에서 그날 밤 무슨 일이 벌어졌는지 암시하면서 "고갱에게 기관총이 없는 게 다행이야"라고 표현하는 등, 문헌에는 침묵의 협정을 깨지 않으면서도 그가 자해하지 않았다는 것을 증명하는 충분한 힌트들이 있다고 한다.

어느 쪽이 진실인지 확실하진 않지만 이 버전의 이야기가 더 맘에 든다. 고흐의 뜨겁고 순수했던 영혼에 더 어울리는 것 같고, 두 사람의 행보와 변함없는 우정과도 일관돼 보인다. 무엇보다 침묵 안에 봉인된 두 화가의 우정이 더 뭉클하게 와닿기도 한다. 고흐의 마지막이 비극적이었기에, 그가 끝까지 지켜낸 이 굳은 연대는 그의 아름다웠던 예술혼을 더욱 빛나게 해주는 듯하다.

인터넷 시대의 공동 창작, 디지털 예술과 크라우드 펀딩

인터넷과 디지털 기술의 발달로 예술에 내재된 공유와 협업의 가치는 더 직접적이고 구체적으로 예술 작품에 구현되고 있으며, 창작 프로젝트의 존재와 진행 여부 자체가 인터넷 플랫폼을 통한 공유경제에 의존하기도 한다.

인터넷을 포함한 디지털 미디어의 발달은 예술의 창작자와 수용자 사이의 경계를 허물고 있다. 본질적으로 예술 작품은 작가의 창작 행위만으로 완성되는 것이 아니다. 감상자의 능동적 수용, 창작자와 감상자의 상호작용을 통해 작품은 미학적 의미를 획득한다. 디지털 기술 발달 덕분에 작가들은 관객이나 독자를 작품 창작에 적극적으로 불러들일 수 있게 됐다. 예술가들은 관객들이 작품 창작에 참여하도록 유도함으로써 예술 창작이 본질적으로 상호작용과 협업으로 이뤄지는 과정이고 감상자의 능동적인 수용도 창작 행위의 일부임을 경험적으로 깨닫게 한다.

오늘날 인터액티브 작품, 디지털 아트 등은 예술가와 엔지니어, 예술과 기술, 예술과 놀이, 창작자와 감상자,

인간과 기계 사이의 경계를 허물어 예술 영역을 확장하고, 우리 존재와 육체의 가능성을 새롭게 인식하도록 만들고 있다. 이러한 쌍방향적 미디어 예술에 참여하는 일반 관객들은 작가나 다른 관객들과 창작 과정을 공유함으로써, 미학적 경험 안에서 상기되는 공유의 가치와 공동체 네트워킹의 즐거움을 만나게 된다.

영국의 초기 인터넷 예술가 히스 번팅Heath Bunting은 1994년 〈킹스크로스 역에서 전화 걸기King's Cross Phone In〉 프로젝트를 계획한다.* 이 프로젝트는 Cybercafe.org라는 웹사이트에 킹스크로스 역 주변에 있는 공중전화 부스의 전화번호를 나열하면서, 언제 어떤 패턴으로 수화기를 들어 전화를 걸고 낯선 사람과 대화하는 등 다양한 명령을 지시했다. 정해진 날짜가 되자 번팅은 킹스크로스 역에서 수화기를 들고 전화를 하기 시작했고, 웹에 접속해 퍼포먼스에 참여하기로 했던 사람들도 전화나 대화를 하며 프로젝트를 수행했다. 프로젝트 참가자들은 웹에 체험담을 올리기도 했다. 이 프로젝트는 전통적인 예술 공간이 아니라 대중이 이용하는 기차역이라는 공공 공간을 예술의 공간으로 확장시켰다. 기차역은 예술의 플랫폼으로 변

---

* 〈킹스크로스 역에서 전화 걸기〉와 〈텔레가든〉에 대한 내용은 김은령, 《포스트 휴머니즘의 미학》, 그린비, 2014, 95~98쪽, 106~107쪽 참조.

환됐고, 주변에 있던 이용객들은 관객이 되었다. 이 퍼포먼스는 많은 대중이 능동적으로 참여하고 웹사이트가 참여자들의 허브 역할을 하여 함께 이뤄진 '협동 작품'이었다. 누구나 접속할 수 있으며 어떠한 대가도 없이 확산될 수 있다는 인터넷 예술의 핵심적 특징을 잘 반영한 프로젝트였다.

켄 골드버그Ken Goldberg와 조지프 사타로마나Joseph Santarromana의 공동 작품인 〈텔레가든The Telegarden〉도 21세기 전환기에 인터넷의 연결과 소통 기능을 예술 작품에 구현한 대표적인 예다. '멀리 떨어져 있는 정원'이란 제목의 이 설치 작품은 참여자들이 웹사이트를 통해 살아 있는 식물을 키우는 상호작용 활동을 기획한 것이다. 전 세계에 흩어져 있는 사용자들은 서로 누구인지 알지 못하지만, 동시에 정원을 볼 수 있고 정원의 식물을 키운다는 공동의 목표를 갖는다. 이를 이루는 과정에서 채팅 시스템을 통해 서로를 알아가고 의견을 교류하면서 커뮤니티를 형성할 수도 있다.

디지털 시대에는 한 작품에 여러 독자가 참여해 수많은 줄거리와 이미지를 창작할 수 있는 하이퍼텍스트hypertex 문학이 새로운 장르로 등장했다. 텍스트가 작가 한 사람에 의해 창조되는 것이 아니라 디지털 플랫폼을 기반으로 여러 주체에 의해 생산되고 수용되는 과정을 겪는 것이다. 하이퍼미디어 소설은 작가와 독자의 공동 창작이 자 독자가 다른 독자와 상호작용과 네트워킹을 경험하는 민주주의적 예술양식이다. 무수한 사용자들이 참여해 개 방적·유동적·상호의존적인 네트워크가 구축된다. 국경 없 는 디지털 공간에서 초국가적 어울림이 이뤄지는 것이다.

스턴Andrew Stern과 마테아Michael Mateas가 만든 단 막극 〈파사드Façade〉는 독자의 참여로 텍스트가 완성되 는 구조다. 독자는 주요 등장인물인 트립과 그레이스 부부 의 대립된 입장을 풀어가는 역할을 부여받는다. 참여자가 이 두 사람과의 만남에서 어떤 역할을 스스로 창의하는가 에 따라 전혀 다른 텍스트가 생산되며, 두 인물 사이에 긴 장을 더 강화시킬 수도 이완시킬 수도 있다. 한 사람의 참 여자가 마치 드라마 작가와 같은 역할을 부여받아 구성한 텍스트는 다른 많은 독자가 만든 텍스트에 제한을 받게 된 다. 다른 참여자의 개입으로 이야기 속 문제를 풀어가는 다양한 가능성이 열려 있으며, 사용자의 참여가 트립과 그 레이스의 문제 해결을 위한 빅데이터를 생산하는 것이다.

제노바 첸Jenova Chen이 만든 디지털 텍스트 〈여정 Journey〉(2012)도 참여자가 아바타를 안내해 사막과 같은 낯선 공간을 방황하면서 여정을 풀어나가는 형식이다. 이 여정은 즉흥적인 선택의 순간이 끊임없이 이어질 뿐만 아 니라 단계마다 개입해오는 다른 참여자와 예기치 않게 조우한다. 이처럼 서사를 창작하는 과정에서 참여자들이 자발적으로 협력하는 것이 가능하다. 참여자는 협력의 네트워크를 통해 서사를 완성하며 관계가 자아내는 숭고함, 즉 참여의 미학을 경험하게 된다.*

이와 같이 창작의 희열에 참여하고 협동 창작의 숭고함을 경험할 수 있는 다른 길도 있다. 후원자들이 일정한 돈을 투자해 자신이 원하는 프로젝트가 완성될 수 있도록 지원하는 '크라우드 펀딩crowd funding'이 바로 그것이다. 여기에는 온라인 플랫폼을 통해 비상장 주식에 투자하는 '지분투자형 크라우드 펀딩', 개인이 대출하고 대출받는 '대출형 크라우드 펀딩', 후원자가 프로젝트 자체와 연관된 보상을 받는 '보상형 크라우드 펀딩'이 있다. 이 중 가장 많은 사람이 모이는 것이 보상형 크라우드 펀딩인데, 참여하기 쉽고 투자 진입 장벽이 낮기 때문이다. 어떤 가수가 음반을 발매할 수 있도록 자금을 후원하면, 후원자는 제작된 음반과 함께 후원자에게만 제공되는 특별한 굿즈를 선물받는 식이다. 개인이 낸 투자금의 액수에 따라 보상이 다르며, 전체 금액이 커질 경우 창작자가 새로운 굿즈를 제작해 후원자들에게 감사를 표하기도 한다.

* 하이퍼텍스트 그리고 「파사드」와 「여정」에 대한 내용은 김순배, 「디지털 문학과 미학적 존재론」, 《비평과 이론》 22권 2호, 2017, 11~39쪽 참조.

미국의 대표적인 보상형 크라우드 펀딩 플랫폼은 인디고고Indiegogo와 킥스타터Kickstarter다. 인디고고의 설립자 다나에 링겔만Danae Ringelmann은 샌프란시스코에서 아서 밀러의 연극을 상연하려는 친구의 자금 조달을 돕다가 소수의 부유한 자선가가 아닌 관객과 배우로부터 재정적 지원을 받았고, 이러한 경험을 바탕으로 크라우드 펀딩 기업을 창업하게 되었다. 로봇공학 설계자인 피터 딜워스Peter Dilworth는 손으로 잡고 펜처럼 쓸 수 있는 3D 프린터가 있으면 좋겠다는 아이디어를 떠올리고는 동료와 함께 3차원으로 그릴 수 있는 펜의 시제품을 만들었다. 이들은 이 발명품을 킥스타터에 올려 모금을 개시했다. 오늘날 많은 설계자들과 예술가들이 애용하는 세계 최초의 3D 펜은 이렇게 탄생했다. 이들은 투자자를 찾기 위해 돌아다니지 않고도 자금을 모아 제품을 생산할 수 있었다.[*]

인디고고에서는 모금 목표를 달성하지 못한 회사도 선택에 따라 모금액을 가져갈 수 있지만 킥스타터는 그렇지 않다. 킥스타터는 창작자들을 보호하고 후원자들의 위험을 최소화하기 위해 '전부 아니면 전무all-or-nothing' 방식을 확립했다. 프로젝트가 목표 금액을 달성하지 못하면

[*] 링겔만과 딜워스의 일화는 앨릭스 스테파니, 《공유경제는 어떻게 비즈니스가 되는가》, 위대선 옮김, 한스미디어, 2015, 211쪽 참조.

자금을 풀지 않음으로써 창작자가 부족한 금액으로 과제를 완성하는 것을 방지하고, 후원자들이 반드시 성공하게 될 아이디어에만 후원하도록 보장해주기 때문이다. 킥스타터의 높은 인기로 보아 사람들은 이 방식을 더 신뢰하는 듯하다.

크라우드 펀딩의 후원자는 단순히 완성된 제품을 구매하는 소비자가 아니다. 후원자들에게 전적으로 의지하는 프로젝트에 투자한다는 것은 자신이 지지하는 특정한 문화적 가치를 적극적으로 옹호하고 창조하는 행위다. 후원자들은 능동적으로 세상을 변화시키는 데 참여하는 것이다. 내가 단돈 1~2만 원을 투자한 소설이나 영화가 문화의 역사를 새롭게 쓰는 데 기여하게 될 수도 있다.

크라우드 펀딩은 예술 작품을 창작할 자금이 필요한 사람과 자금을 가진 사람을 인터넷을 통해 민주적인 방식으로 직접 연결해준다. 제프 하우는 무엇보다 크라우드 펀딩은 아티스트들이 문화 상품을 제작·유통하는 대형 기업의 소수 권위자들이 아닌 궁극적으로 상품을 소비하는 대중들에게 직접 호소할 수 있다는 점에서 의미가 크다고 설명한다. 어떤 작품이 만들어져야 할지는 그것을 소비할 사람이 가장 잘 판단할 수 있기 때문이다. 하우는 예전처럼 영화·음반 제작사, 출판사, 전시업체의 몇몇 임원에게만 어떤 프로젝트에 자금을 사용할지 결정할 권한이 주어지는 방식은 궁극적으로 대중의 취향을 잘 파악하기 어려우며, 비민주적이고 비효율적일 수 있다고 지적한다.

국내 크라우드 펀딩 시장 규모도 빠르게 성장하고 있다. 보상형 크라우드 펀딩 플랫폼인 텀블벅은 예술·문화 콘텐츠를 중점적으로 다루며, 특히 독립적인 문화 창작자들의 지원을 목표로 한다. 텀블벅 사이트tumblbug.com를 방문해 보면 게임, 공연, 디자인, 만화, 미술, 공예, 사진, 영화·비디오, 푸드, 음악, 출판, 테크, 패션, 저널리즘 등 다양한 분야의 창작자들이 진행하고 있는 매력적인 프로젝트를 둘러볼 수 있다. 후원자는 후원의 대가로 프로젝트가 완료되면 소정의 기념품을 전달받는다. 텀블벅도 일정 기간 내에 목표 금액이 모이면 후원금이 결제되어 해당 프로젝트가 진행되며, 목표를 달성하지 못하면 후원금이 결제되지 않는 방식이다. 따라서 일정한 금액이 모이기 전까지는 창작자와 후원자 어느 누구도 위험을 부담하지 않는 구조로 설계돼 있다. 텀블벅은 2019년 10월 초 기준으로 총 1만 2,000여 개 이상의 프로젝트가 펀딩에 성공했을 만큼 독립 예술가들에게 성공적으로 기여하고 있는 사이트다.

텀블벅은 창작자들에게 펀딩에 성공하는 노하우도 안내한다. 진행 중인 프로젝트를 보면 창작자는 결과물의 프로토타입 이미지나 후원자가 받을 선물의 샘플 이미지를 적극적으로 활용해야만 한다. 예를 들어 어떤 소설을 펀딩한다면 예쁜 표지를 갖추고 잘 제본된 소설책의 이미지를 만들어서 보여주는 것이 효과적이다. 이미 작품이 세상에 탄생한 듯한 신뢰감이 들어 후원하고 싶은 유혹을 느낀다. 또 중요한 점은 평균적으로 모금액의 40%가 창작자의 지인이나 팬층 같은 창작자의 주변에서 모이고 60%가 새로운 후원자들에게서 모이므로, 프로젝트 런칭 전에 커뮤니티를 잘 형성해놓아야 한다는 것이다. 가장 먼저 창작자 본인의 커뮤니티에 런칭 소식을 알려서 초반에 커뮤니티에서 집중적으로 밀어주면 후원율이 높아지고 그 수치가 신뢰를 주어 새로운 방문객도 관심을 갖게 된다고 한다. 후원자들도 SNS로 프로젝트에 관한 소식을 공유하면서 자연스럽게 홍보를 도와준다.

텀블벅에 있는 영화, 다큐멘터리, 애니메이션, 웹 시리즈 카테고리의 프로젝트를 분석한 결과 프로젝트 제안자가 다른 프로젝트 제안자의 프로젝트를 지원하는 이타적인 행위를 통해 축적한 사회적 자본과 모금 기간에 이뤄지는 소셜 커뮤니케이션 활동이 최종 모금액에 긍정적인 효과를 미치는 것으로 나타났다.[*] 평소 다른 창작자들에게 후원을 베풀었던 창작자는 본인의 프로젝트가 진행될 때

---

[*]   유창한, 현은정, 「문화예술 분야의 보상형 크라우드 펀딩 성공 결정요인」, 《문화경제연구》 21권 3호, 2018, 31~58쪽 참조.

후원을 돌려받게 되는 것이다. 평소 사회적 네트워킹이 창작의 실현에 있어서도 얼마나 중요한지 알 수 있다.

요즘에는 작품성 높은 국내 영화를 감상하다 보면 크레딧이 올라갈 때 크라우드 펀딩으로 제작된 영화라는 사실을 발견하는 경우가 종종 있다. 물론 영화 생산자들이 짧은 기간 동안 비용을 모을 수 있는 장점이 있는 반면에, 실제로 운영하는 과정에서 겪는 다양한 제약도 없지 않다. 하지만 대형 투자사의 영향력에 휘둘리지 않고 감독이 독창적인 세계관을 실현하려면 크라우드 펀딩이 매우 유용할 수 있다. 특히 영화진흥위원회와 지자체의 지원 정책에 의존해야 하는 다양성 영화는 제작에 어려움을 겪는데, 크라우드 펀딩은 창의적인 아이디어와 시나리오를 가진 제작자에게 영화를 제작할 수 있는 기회를 제공해주고 대중에게는 보고 싶은 영화를 직접 후원, 홍보해 다양한 영화를 볼 기회를 확대해준다.[*] 실제로 텀블벅에서 성공한 다양성 영화 프로젝트를 분석해보면 중요한 운영전략들이 있다고 한다. 관객들과 공감대를 형성할 수 있는 영화 주제 선정, 후원자가 영화를 함께 제작하고 있다는 동질감을 줄 수 있는 보상 체계 마련, 영화 진행 상황의 지속적 업데

---

[*] 다양성 영화에 대한 내용은 김지환, 「다양성 영화 제작을 위한 크라우드 펀딩 운영」, 《지역과 문화》 2권 1호, 2015, 19~42쪽 참조.

이트 등이 그것이다.

미적 판단과 공동체 감각, 그리고 여성 예술가

임마누엘 칸트Immanuel Kant는 무인도에 혼자 버려진 사람은 꽃을 찾으려 하지 않을 것이라고 했다. 사람은 오직 타인과 교감할 수 있을 때 아름다움을 추구한다는 것이다. 칸트에 따르면 미적인 판단은 말하고 판단할 수 있는 타인의 현존을 항상 전제한다. 그는 《판단력 비판Kritik der Urteilskraft》에서 우리가 어떤 것을 아름답다고 묘사한다면, 이에 대해 모든 사람의 동의가 요청된다고 설명한다. 우리 모두에게 공통된 판단의 기반, 즉 '공통 감각 common sense'이 존재하기 때문이라는 것이다. 예술 작품을 창작하든 감상하든 우리는 다양한 미적 활동 속에 의식적으로든 무의식적으로든 공동체의 다른 구성원과 소통하고 관계를 형성한다는 뜻이다. 따라서 한나 아렌트Hannah Arendt는 이러한 칸트의 '공통 감각'으로부터 '공동체 감각 community sense'이란 개념을 발전시킨다. 아렌트는 "사람은 항상 자신의 '공동체 감각'의 인도를 받아 공동체의 일원으로서 미적인 판단을 내린다"고 한다.* 사람은 창작이든 감상이든 미적인 판단을 내릴 때마다 자신이 공동체의 일원이라는 공동체 감각을 환기시킨다는 것이다.

울프의 소설 《댈러웨이 부인》은 "댈러웨이 부인은 직접 꽃을 사겠다고 말했다"라는 문장으로 시작된다. 여주인공 클라리사는 무인도가 아닌 도시 런던에 살고 있기에 아름다운 꽃을 사거나 피카딜리 거리의 활기찬 상점들과 진열된 상품을 감상하거나 녹색 드레스를 수선하거나 멋진 파티를 구상하는 등 미적인 추구를 통해 공동체 감각을 상기하고 자신이 공동체의 구성원이라는 사실을 확인한다. 칸트는 미적 판단을 위해서 확장된 사유가 이뤄진다고 한다. 아렌트는 확장된 사유란 우리가 미적인 판단을 할 때 상상력의 힘에 의해 다른 사람들의 마음을 방문하러 다니는 것이라고 설명한다. 클라리사는 사회 활동이 한정된 20세기 초 영국의 주부지만 미적인 활동이 불러일으키는 공동체 감각으로 인해 확장된 정신으로 사유를 할 수 있고 개체적 한계로부터 자유로워진다. 아름다움에 대한 클라리사의 헌신은 그녀가 현실적인 방식으로든 상상적인 방식으로든 공동체 내의 타인들과 대화할 수 있는 확장된 마음을 가져다줌으로써 인간으로서 품위를 유지하고 그녀를 더욱 인간적으로 만든다.

사실 칸트의 미학에서 아름다움의 공적 성격을 발

---

*   Hannah Arendt, 《Lectures on Kant's Political Philosophy》, Ed. Ronald Beiner, The University of Chicago Press, 1982, p. 75 참조.

견한 것은 프리드리히 실러Friedrich Schiller로 거슬러 올라간다. 실러는 《미학 편지: 인간의 미적 교육에 관한 실러의 미학 이론Briefe über die ästhetische Erziehung des Menschen》(1795)에서 칸트의 개념을 활용해 예술이 가진 공동체를 형성하는 힘, 즉 공적인 성격을 강조했다. 그는 다른 형태의 소통과 달리 오직 "아름다움의 소통"은 모두에게 공통된 것과 관계되기 때문에 사회를 통합한다고 주장했다. 이후 리오타르Jean-Francois Lyotard와 하버마스 Jürgen Habermas도 공통 감각과 소통 가능성에 주목하며 미적 판단과 공동체의 관계를 논의한다. 리오타르는 《비인간L'Inhuman》(1988)에서 예술 작품은 즉시 보편적으로 소통할 수 있는 감정을 유발하고, 이런 소통 가능성은 언어적 소통보다 앞서는 것이라고 지적하면서, 칸트가 공통 감각이라고 부른, 이런 "즉시 소통할 수 있는 감정"으로부터 공동체에 대한 발상으로 나아가자고 제안한다. 하버마스도 아렌트가 칸트의 미학을 재발견하고 실러 이후 전개된 칸트의 미적 판단과 공통 감각이 지닌 정치적 의미에 대한 통찰을 이어갔다고 평한다.

이와 같이 우리의 미학적 활동은 본질적으로 공적이고 사회적이다. 창작이든 감상이든 미학적 경험은 공동체성을 내포한다. 예술 작품은 고독한 창작자가 방에서 혼자 탄생시키는 것 같지만, 사실 예술 창작에는 다양한 측면에서 공유와 협력이 관여한다. 앞서 본 협동 창작의 사례들처럼 우리가 감상하고 있는 하나의 작품 뒤에는 눈에 보이거나 보이지 않는 많은 협업자들이 존재할 수 있다는 뜻이다. 예술가와 협업자의 공동 창작이라는 범주를 확장해 나가다 보면 우리는 작가에게 영감을 주는 존재인 '뮤즈Muse'라는 흥미로운 개념과도 만나게 된다.

프랑스 여성 조각가 카미유 클로델Camille Claudel은 조각가 오귀스트 로댕Auguste Rodin의 연인이자 뮤즈 그리고 협업자였다. 무엇보다 그녀 자신이 천재적인 조각가였다. 클로델은 독립된 예술가로서 개인전을 열기 위해 많은 노력을 하지만 여성 예술가고 로댕의 정부라는 사회적 편견에 부딪혀 번번이 좌절해야만 했다. 영화 〈카미유 클로델〉(1988)이 이자벨 아자니Isabelle Adjani의 명연기로 유명하지만, 이런 당시 상황은 안 델베Anne Delbée의 소설 《어떤 여자Une Femme》에서 더 상세히 묘사된다. 최근 들어 로댕의 여러 걸작 중에 뮤즈 또는 협업자로서 클로델이 차지하는 지분이 얼마나 큰가에 대해 활발히 재평가되고 있다. 로댕은 남성으로서도 예술가로서도 클로델의 삶을 비극으로 몰고 간 포식자였고, 클로델은 여성이었기 때문에 뮤즈로서 또 협업자로서 기여한 몫에 대한 권리를 탈취당해야만 했다는 담론이 제기되고 있다.

18세기 프랑스 여성 예술가를 그린 셀린 시아마Céline

Sciamma 감독의 〈타오르는 여인의 초상Portrait de la Jeune Fille en Feu〉(2019)은 오귀스트 로댕과 카미유 클로델의 관계와는 전혀 다른 이야기를 보여주는 영화다. 여성 화가 마리안Marianne이 귀족 여성 엘로이즈Héloïse의 초상화를 그리게 되면서 전개되는 두 여성의 관계가 이 영화의 주된 내용이다. 마리안과 엘로이즈는 함께 초상화를 창작하며 연인의 관계를 쌓아간다. 시아마 감독이 여러 인터뷰에서 밝히듯 이 영화는 여성을 통제하는 남성적 시선과 객체화된 여성 모델이라는 일방향적 관계를 해체하고 남성 예술가와 여성 뮤즈의 전통적인 관계를 전복시킨다.

시아마 감독은 18세기 중반을 배경으로 설정한 이유를 이 시기에 여성 화가가 많았고, 더 많은 여성이 모델이나 동반자로서 종사하고 있었기 때문이라고 설명한다.[*] 지적인 두 여성이 동료로서 협력적으로 창작 활동을 해나가는 과정을 보여주며 '뮤즈' 개념을 새롭게 정의하는 것이 이 영화의 의도인 것이다. 〈오마이뉴스〉의 권진경 기자는 예술가의 생애를 다루며 여성 모델을 남성 예술가를 위한 뮤즈로 대상화했던 영화나 소설들과 달리 〈타오르는 여인의 초상〉에서는 여성 모델이 창작자와 모델의 동등한 시

---

[*]   기사 「Interview: Céline Sciamma on Redefining the Muse with Portrait of a Lady on Fire」-〈Slantmagazine〉 2019년 12월 1일 게재 참조.

선을 요구하고 관철시키는 주제적이고 전복적인 모습의 협업자로 등장한다고 말한다. 감독의 표현에 따르면 창작자와 뮤즈는 전통적으로 표현되었던 일방적인 관계로, 이전부터 존재해왔던 예술가의 동료와 협력자를 숨기려는 의도로 만든 단어라고 덧붙인다.[*]

이 영화는 예술가와 뮤즈, 창작의 주체와 객체의 역할은 두 사람의 상호작용 속에서 역동적으로 오가는 것이며, 이는 두 인격체의 동등한 사랑의 관계와 같음을 보여준다. 그리스 신화에서 음유시인 오르페우스Orpheus는 독사에 물려 죽은 아내 에우리디케Eurydice를 찾아 저승에 내려간다. 그는 신들로부터 이승에 도달하기 전까지 절대로 아내를 뒤돌아보지 말라는 조건으로 그녀를 데려가도록 허락받는데, 그가 궁금함을 참지 못하고 뒤돌아보았기 때문에 아내는 다시 어둠 속으로 빨려 들어간다. 이 에우리디케 신화는 현대 여성 작가들에 의해 페미니즘적 시각에서 새롭게 해석돼 재탄생하고 있다. 캐롤 앤 더피Carol Ann Duffy의 시 〈에우리디케〉(1999)에서 이 신화는 남성의 '시선'과 '언어'에 의해 자신의 정체성이 규정되는 위협으로부터 벗어나 '안전한 곳'에서 진정한 자신이 되길 희구

***

[*] 기사 「여성의 눈으로 시선과 관계의 평등을 말하다」-〈오마이뉴스〉 2020년 2월 3일 게재 참조.

하는 여성의 이야기로 거듭난다. 새라 룰Sarah Ruhl의 희곡 〈에우리디케Eurydice〉(2003)에서는 에우리디케를 그리스 신화 속의 수동적인 대상이 아닌 서사를 주도하는 주인공 으로 재창조한다.

영화 〈타오르는 여인의 초상〉에서는 마리안과 엘로이 즈, 하녀 소피가 이 슬픈 그리스 신화를 함께 읽으며 오르 페우스가 '왜 뒤돌아보았을까?'를 토론하는 장면이 등장 한다. 화가인 마리안은 "그는 연인의 선택이 아닌 시인의 선택을 했다"고 해석한다. 즉 그는 그녀를 "기억"할 것을 선택했다고 한다. 반면에 엘로이즈는 "그녀가 뒤돌아보라 고 말했을 거야"라고 해석한다. 에우리디케의 능동적인 선 택이었다는 뜻이다. 그리고 초상화를 완성한 마리안이 떠 나는 마지막 순간, 두 사람의 사랑이 끝나는 순간에 엘로 이즈는 실제로 그녀에게 "뒤돌아봐"라고 말한다. 마리안 은 엘로이즈를 붙잡는 대신 보내주면서 기억해야만 하는 오르페우스의 선택, 즉 연인의 선택이 아닌 예술가의 선택 을 한다. 마리안은 화가이기에 사건과 역사, 사랑을 완성 된 이미지로서 끝없이 기억하는 사람이다. 함께 초상화를 창작하며 주체와 객체의 관계를 상호적으로 넘나들던 두 여성의 관계는 그림이 완성됨으로써 더 이상 창작의 과정 을 공유하는 연인의 관계로 지속되지 못한다.

하지만 이 영화의 대단원은 엘로이즈 역시 '기억하

영화 〈타오르는 여인의 초상〉 중에서

전통적인 예술가-뮤즈의 관계를 전복하다

〈타오르는 여인의 초상〉의 두 주인공은 남성적 시선에 객체화된 여성 모델
의 이미지에서 벗어나, 동료로서 함께 창작 활동을 해나가는 모델-창작자
의 관계를 보여주고 있다.

기'를 통해 완벽한 사랑의 순간을 복원하는 예술가의 실천을 하는 주체라는 사실을 보여준다. 마지막 비발디의 〈사계〉가 연주되던 오페라 극장에서 엘로이즈는 이 음악을 통해 마리안을, 그녀와 공유했던 사랑의 시간을 기억하며 감정을 생생히 분출한다. 특히 그녀는 마리안과 함께 오르간 앞에 앉았던 순간을 떠올렸으리라. 마리안은 오르간으로 〈사계〉를 연주하는 데 몰두하느라 알아채지 못했지만 그 순간 엘로이즈는 그녀를 관찰하고 감상하며 예술가와 연인의 욕망 사이를 오가는 새로운 감정에 눈뜨고 있었다.

5

세상은 나눠질 수 없는 전체

전체는 부분의 합보다 크다, 네트워크라는 초생명체

　양자물리학자 데이비드 봄David Bohm은 현실 세계를 '끊어지지 않는 전체unbroken wholeness'라고 묘사하며, 만물에는 '내적인 관계성internal relatedness'이 있다고 설명한다. 만물은 다른 만물과 내적으로 관련돼 있다는 것이다. 그는 《전체와 접힌 질서Wholeness and the Implicate Order》(2002)에서 현실에 대한 파편적인 관점은 "실제로는 나눠질 수 없는 것을 나누는 시도"라고 지적한다. 과학 실험을 통해 입증된 진실은 현실이 나눠질 수 없다는 것이고, 개체들은 하나의 전체 현실에서 서로 융합하고 상호 침투하는 측면이라는 것이다.[*] 요컨대, 우리는 모두 연결돼 있다. 우리는 모두 관계적으로 존재하기 때문에 나와 타인, 나와 환경을 엄격히 분리해서 생각하는 것은 나눠질 수 없는 것을 나누려는 어리석은 시도다.

　우리는 하나의 거대한 사회적 연결망을 이루며, 이 전체는 각 개인의 단순한 총합 이상의 특성을 지닌다. 크리스태키스Christakis와 파울러Fowler는 《행복은 전염된다 Connected》(2011)에서 소셜 네트워크는 일종의 인간 '초생물체'라고 밝힌다. 사람들의 네트워크는 특별한 종류의 자

---

[*]　David Bohm, 《Wholeness and the Implicate Order》, Routledge, 2002, 15~16쪽 참조.

체 생명력을 지니고 있어 성장한다는 것이다.* 유대는 부분들의 합보다 더 큰 전체를 만들어내기 때문에 개인은 네트워크를 통해 자신의 한계를 초월할 수 있다고 한다. 마치 하나의 뉴런이 할 수 없는 일들을 뇌가 해내는 것처럼, 한 개인이 도저히 할 수 없는 일들을 소셜 네트워크가 할 수 있다는 뜻이다. 이들은 함께 움직이는 새 떼나 곤충 떼 모형도 이 같은 사실을 보여준다고 설명한다. 이런 무리들은 각 개체에게서 비롯되는 것이 아니라, 일종의 집단 지능이 발휘된 행동을 보이기 때문이다. 새 떼는 모든 새들의 뜻을 반영한 방식으로 어디로 날아갈지 결정하는데, 그 이동 방향이 대개 새 떼에게 최선의 선택이라고 한다. 모든 새는 그 결정에 각자 조금씩 기여하고 새 떼의 집단 선택은 각 새가 내린 어떤 선택보다 더 낫다는 것이다.

이는 소셜 네트워크가 부분이 상호작용함으로써 나타나게 되는 전체의 새로운 속성, 즉 창발적emergent 성질을 갖게 되는 데에 기인한다. '치즈 무스 케이크'를 먹는다고 상상해보자. 한 입 베어 무는 순간 입 안에 오묘한 맛이 퍼진다. 이번에는 이 케이크의 구성 성분을 분석해보자. 달걀, 우유, 밀가루, 설탕, 버터, 치즈 등등. 분명 치즈 무

---

* 니컬러스 크리스태키스·제임스 파울러, 《행복은 전염된다》, 이충호 옮김, 김영사, 2010 참조.

스 케이크의 맛은 구성 성분의 특성을 단순히 합한 것과는 다른 새로운 어떤 것이다. 치즈 무스 케이크를 각 재료들로 다시 쪼갤 수도 없을 뿐더러, 만약 쪼갠다면 더 이상 치즈 무스 케이크의 맛이 아닐 것이다. 복잡한 현상들을 작은 조각으로 나눠 부분의 특성을 통해 전체를 이해하려는 기계론적·환원주의적 패러다임은 20세기에 들어서면서 다양한 과학 분야에서 전일적holistic·생태학적 패러다임, 즉 '시스템적 사고'로 전환됐다. 데카르트와 뉴턴 같은 17세기 철학자와 과학자는 세상을 하나의 기계로 보고, 작은 부분으로 분해함으로써 이해할 수 있다는 분석적 사고를 전개했다. 그러다가 1920년대에 유기체 생물학, 생태학, 양자물리학 등 여러 분야에서 시스템적 사고의 주된 특성이 동시적으로 출현했다.[*]

유기체 생물학은 통합된 전체로서 살아 있는 유기체의 움직임은 그 부분에 대한 연구만으로는 올바로 이해될 수 없다는 학문 흐름이다. 전체는 부분의 합에 조직 관계가 더해져야 하므로 단순한 부분의 합 이상이기 때문이다. 생물 시스템의 가장 본질적 특성은 그 부분 사이의 상호작용과 연관성에서 발생하는 전체의 특성이며, 만약 이 시스

[*] 시스템적 사고에 대한 내용은 프리초프 카프라, 《생명의 그물》, 김용정, 김동광 옮김, 범양사출판부, 1998, 33~34쪽, 44쪽, 48~49쪽 참조.

템이 분리돼 고립된 요소로 나눠지면 이 특성은 사라진다.

　　고전물리학은 전체를 개체의 합으로 보고 전체는 개체로 환원될 수 있다고 여겼지만, 양자물리학은 이러한 환원주의에 도전한다. 양자물리학은 복잡한 체계에서 전체는 개체의 합 이상이며, 개체의 합으로는 해명되지 않는 새로움이 창조적으로 등장한다고 밝힌다. 복잡한 체계에서는 구성 요소를 단순히 배열하는 것을 넘어서는, 전혀 새로운 것을 출현시키는 전일성wholeness이 작동하기 때문이다.* 양자물리학은 여러 개체를 포함하는 더 복잡한 체계가 구축될수록 그 구성 요소만으로는 예상하기 어려운 새로운 성질이 나타난다고 강조한다. 이 새로운 전체 모습은 독특한 원리를 갖추므로 그 구성 요소에서 발견되지 않았던 특성과 활동을 보여준다. 예를 들어 헬륨 원자는 결코 분리된 두 개 전자의 합이 아니라 각 전자의 개별적인 독자성이 소멸돼버린 하나의 두 전자 패턴이다.

　　따라서 현대 물리학자들은 세계를 하나의 유기체로 인식하는 유기체적 자연관을 취한다. 독립된 개체가 먼저 있고 관계가 뒤에 오는 것이 아니라 모든 존재는 언제

　　*　전일성과 유기체적 자연관에 대한 내용은 김균진, 《자연환경에 대한 기독교 신학의 이해》, 연세대출판부, 2006, 276쪽, 373~374쪽과 이언 바버, 《과학이 종교를 만날 때》, 이철우 옮김, 김영사, 2002, 143~145쪽 참조.

나 관계망 속에서 함께 살며 전체에 참여하고 있다는 것이다. 양자물리학자 베르너 하이젠베르그Werner Heisenberg도 자연환경의 유기체적 전체 속에 있는 모든 부분은 서로 분리될 수 없이 결합돼 부분이 전체에 영향을 주고 전체는 다시 부분에게 영향을 준다고 본다.

살아 있는 자기조절 시스템, 가이아에서 가이아 2.0으로

영국 과학자 제임스 러브록James Lovelock이 전개한 가이아Gaia 이론은 지구에 서식하는 모든 생물과 모든 물질적 부분이 통합돼 하나의 유기체, 곧 '살아 있는 지구'라는 일종의 '초생명체'를 이룬다는 이론이다.[*] 러브록의 친구인 소설가 윌리엄 골딩William Goldding이 추천했다고 하는 가이아라는 명칭은 그리스 신화에 등장하는 대지의 여신이다. 가이아 이론에 따르면 지구는 생물들이 살기에 적합하도록 항상 스스로 환경을 조절하는 특별한 능력을 가진 자기조절적 실체다. 러브록은 1960년대 중반 미국항공우주국NASA의 화성 탐사 프로그램에 관여하면서 외계로부터 지구를 내려다볼 수 있는 기회를 가질 수 있었고, 덕분에 환원주의적 관점에서 벗어나 위에서부터 아래를

[*]   제임스 러브록, 《가이아》, 홍욱희 옮김, 갈라파고스, 2004 참조.

향하는 전일적 관점을 얻게 됐다고 한다.

　그는 지난 35억 년 동안 지구의 환경은 생물들의 생존에 적합하도록 유지해왔는데, 이는 지구의 모든 생물이 하나의 살아 있는 실체를 구성해서 자신에게 적합하도록 지구 환경을 조절할 수 있고, 그 구성원 각자가 갖는 능력의 합보다 훨씬 거대한 힘을 발휘하기 때문이라고 이해한다. 생물과 그 부분인 신경계, 순환계, 감각계 등이 모두 완벽하게 협력적으로 작동하면서 신체를 정상 상태로 유지시키는 현상을 '항상성homeostasis'이라고 하는데, 가이아는 지구의 생물, 대기, 바다, 토양을 포함하는 복합적 실체로 능동적 조절에 의해 '항상성'을 유지해왔다는 것이다.

　자기조절과 자기규제 기능은 오직 생물체와 고도로 자동화한 기계들만 갖는다. '사이버네틱스cybernetics'는 살아 있는 생물체나 복잡한 기계에서 보이는 자기규제 시스템self-regulating system에 대해 연구하는 학문 분야다. 러브록은 가이아가 스스로 적당한 물리·화학적 환경을 조성할 수 있도록 피드백 장치나 사이버네틱스 시스템을 구성하고 있는 총합체라고 강조한다. 사이버네틱스 시스템을 잘 이해하려면 그것을 하나의 생명체로 간주하여, 부분의 집합체가 각 부분의 단순한 합 이상의 존재가 된다는 사실을 인정해야만 한다. 전기 오븐의 부품을 하나씩 분리하여 분석하는 방식으로는 오븐 시스템을 제대로 이해할 수 없는 것과 마찬가지다.

　　최근에 프랑스 과학사회학자 브루노 라투르Bruno Latour와 엑서터대학 글로벌시스템연구소GSI 소장 렌튼 Timothy Lenton은 산업혁명 이후 인간 활동이 지구에 끼친 영향에 대해 깨닫기 시작한 인간은 이제 이 지구 작동 시스템을 업그레이드해서 '가이아 2.0'을 창조할 수 있는 잠재력을 지녔다고 주장한다.* 이들은 가이아 이론 중심에 자리한 지구의 자기조절에 대해 인간과 기술 발전이 새로운 수준의 "자기인식"을 더해줄 수 있다고 믿는다. 이제 인간에 의한 "의도적인 자기조절"이 가능해졌고 이것이 지구의 지속 가능성을 위해 효과적일 것이라고 제안하는 것이다. 이들은 가이아 2.0을 창조하기 위해 가이아의 특성으로부터 학습하자고 권고하면서, 가이아가 정보를 수평적으로 교환하는 미생물 행위자의 적응적 네트워크들에 의해 건설됐듯이 우리도 정보의 수평적 이동, 기능적 다양성 그리고 분산된 통제를 통해 성공적인 순환경제를 달성하자고 제안한다.

*　　Timothy M. Lenton, Bruno Latour, 「Gaia 2.0」, 《Science》 vol. 361 issue. 6407, 2018, pp. 1066~1068 참조.

꿀벌은 포유류다, 초개체 생태학

누구나 꿀벌은 곤충이라고 알고 있다. 그런데 만약 꿀벌이 포유류라고 한다면 믿기 어려운가? 꿀벌생물학을 연구하는 위르겐 타우츠Jügen Tautz는 꿀벌 군락에서 인간과 같은 고등생물체인 포유류의 특성을 찾을 수 있다고 주장한다.* 꿀벌은 각각 별개의 생명을 지닌 개체지만 언제나 군락 전체가 마치 하나의 개체처럼 행동한다는 초개체superorganism 개념이다. 19세기 양봉가 요하네스 메링Johannes Mehring은 일벌은 생명 유지와 소화를 담당하는 몸, 여왕벌은 여성의 생식기, 수벌은 남성의 생식기라고 말하며, 꿀벌 군락을 하나의 생명체, 그것도 척추동물이라고 분석했다. 이러한 시각은 꿀벌 군락을 쪼갤 수 없는 전체로서의 유기체로 인식하는 것이다. 미국 생물학자 윌리엄 윌러William Wheeler는 개미 연구를 토대로 이런 형태의 생물체를 '초개체'라고 명명했다. 꿀벌 군락 역시 여왕벌을 중심으로 이뤄진 하나의 거대한 생명체, 즉 초개체인 것이다. 벌집도 꿀벌 군락의 일부로서 초개체의 신체기관이라 할 수 있다.

유기체 생물학에서 살아 있는 체계의 특성에 대한 두

---

*   위르겐 타우츠, 《경이로운 꿀벌의 세계: 초개체 생태학》, 유영미 옮김, 이치사이언스, 2009 참조

가지 명제가 있다. 첫째, 전체는 부분의 특성을 종합한 것 이상이며, 부분 수준에서 존재하지 않는 창발적 특성을 갖는다. 둘째, 전체는 부분의 행동을 결정하고, 부분의 특성에 영향을 미친다. 이 두 명제는 꿀벌 군락에 그대로 적용된다. 초개체 꿀벌 군락은 각 꿀벌이 가지고 있지 않은 특성을 소유하고 있어 꿀벌을 모아놓은 것 이상이고, 전체 군락의 특성은 개별 꿀벌의 특성을 결정하여 영향을 미친다. 또한 생물은 피드백을 통해 자신의 내부 환경을 적절히 조절해 최적화하는 항상성을 지닌다. 그런데 꿀벌 군락 역시 균형 상태를 스스로 조절하는 항상성을 갖는다.

이만하면 꿀벌 군락이 하나의 거대한 생명체고 포유류라는 주장의 설득력이 전해졌을 듯하다. 꿀벌 군락이 초개체라면 인류의 마을도 하나의 거대한 유기적 생명체로 인식될 수 있을 것이다. 우리는 꿀벌의 삶을 통해 공존과 공유의 가치에 대해 깨달음을 얻을 수 있다.

지구는 공생자들의 행성, 호모 심비우스

공생symbiosos(共生)은 서로 다른 종이 물리적으로 접촉하며 살아가는 방식을 뜻하는 생물학 용어다. 진화생물학자 린 마굴리스Lynn Margulis는 우리가 깨닫지 못하고 있지만 우리의 소화관과 눈썹, 마당과 공원 등 조금만 주의를 기울이면 어디에서든 공생을 볼 수 있다고 한다.* 마굴리스는 세균이 식물과 동물의 세포로 들어가 영구히 통합돼 엽록체와 미토콘드리아 같은 세포소기관으로 변했다는 세포내공생이론을 주장한 것으로 유명하다. 장기간 지속적으로 공생 관계가 확립됨으로써 새로운 조직, 기관, 생물, 나아가 종이 생성되는 것을 공생발생symbiogenesis이라고 한다. 공생하는 서로 다른 개체가 영구적으로 융합돼 복합 단위체인 새 개체들이 된다는 것이다. 이와 같이 마굴리스는 공생이 서로 다른 생명체를 하나로 묶어 새로운 생명체를 낳는다고 설명한다. 그녀의 표현대로, 우주에서 바라보면 가이아는 공생의 행성이다.

최재천 교수는 인류가 지구에서 더 오래 살아남고 싶다면 동료 인간은 물론 다른 생물 종과도 밀접한 관계를 유지하는 '호모 심비우스Homo symbious(공생인)'로 겸허하게 거듭나야 한다고 제안한다.** 그는 생태학의 근본 개념인 경쟁, 포식, 기생, 공생을 설명하고 21세기 인류의 생존은 인간과 인간, 인간과 다른 종 사이의 협력에 기초할 수밖에 없음을 강조하며 '호모 심비우스'라는 새로운 인간

* 린 마굴리스, 《공생자 행성》, 이한음 옮김, 사이언스북스, 2007 참조.

** 최재천, 《호모 심비우스》, 이음, 2011 참조.

상을 제안한다. 이 개념은 공생을 뜻하는 'symbiosis'에서 착안해 만들어졌으며, 'symbiosis'는 '함께with'라는 뜻의 고대 그리스어 'sýn'과 '삶living'이라는 뜻의 'biõsis'에서 기원한다.

최재천 교수는 경쟁 관계에 있는 생물에 비해 공생을 실천하는 생물은 그 한계를 넘어 더 크게 발전할 수 있다며, 우리도 살아남으려면 상생과 공생을 실천해야만 한다고 강조한다. 그는 지구에서 생물중량 면에서 으뜸인 꽃을 피우는 현화식물과 개체수 면에서 가장 성공한 생물 집단인 곤충이 경쟁하는 것이 아니라 손을 잡아 성공했다는 사실은 무차별 경쟁보다 공생이 더 큰 힘을 발휘한다는 결정적 증거로서 우리 삶에도 큰 함의를 갖는다고 설명한다. 아직 협동의 위력을 깨닫지 못한 다른 생물보다 개미와 진딧물, 벌과 꽃처럼 공생을 실천함으로써 더 잘 살게 된 경우들이 허다하다는 것이다.

1980년대 초반까지 생태학자들은 대개 생물들의 경쟁 관계에 대해 연구하고 있었다고 한다. 특히 남성 생태학자들의 95%가 자연계의 치열한 경쟁을 연구 주제로 삼고 있었던 반면 여성 생태학자들은 거의 절반 가까이가 이미 공생에 관한 연구를 하고 있었다. 20여 년이 지난 오늘날 생태학 연구의 추세가 달라지면서 남성 생태학자들은 여성 생태학자들의 선견지명에 찬사를 보내야 했다고 한다. 자연계를 둘러보니 무모한 전면 경쟁을 통해 살아남은 생물보다 일찍이 더불어 사는 지혜를 터득한 생물이 우리 곁에 훨씬 더 많다는 사실을 깨닫게 됐기 때문이다. 최재천 교수는 마찬가지로 미래에는 이기적인 인간이 설 곳이 없으며, 협력하는 인간만이 살아남을 것이라고 전망한다. 초개체 꿀벌 군락과 호모 심비우스로부터 공존과 공생의 윤리는 더 이상 윤리가 아니라 생존하기 위한 필수적인 전략인 것이다.

⑥

당신은 공유하기 위해
태어난 사람

관계는 주체보다 앞선다, 관계적 주체와 삼위일체

레비나스에게 책임은 두 주체 사이의 관계가 아니다. 다른 사람에 대한 책임은 주체성의 본질적이고 근본적인 구조를 이루며, 주체성은 타자에 대한 책임의 관계다. 레비나스는 윤리의 측면에서 주체성을 기술하면서 윤리가 주체성의 기초라고 설명한다. 필립 네모Philippe Nemo와의 대담집 《윤리와 무한Ethics and Infinity》에서 그는 자신의 관계적 존재론에 대해 말한다. 윤리적 관계보다 앞서 주체성이 그 자체로 존재하지는 않기 때문에, 책임성은 단순히 주체의 속성 중 하나가 아니다. 따라서 주체성은 자기 자신을 위한 것이 아니라, 처음부터 다른 사람을 위한 것이다. 윤리는 어떤 실존적 기초가 이미 있고 거기에 보충되는 것이 아니다. 주체성 자체가 윤리, 즉 책임성 안에서만 갖춰진다. 레비나스에 따르면 다른 사람과의 관계는 책임으로 맺어지며, 이는 우리에게 호소하는 타인의 부름에 응답해 "제가 여기 있습니다Here I am"라고 말하면서 타인을 위해 무엇인가를 내어주는 것을 뜻한다.

특히 레비나스는 《전체성과 무한Totality and Infinity》에서 벌거벗고, 배고프고, 가난한 모습으로 우리에게 말을 걸며 호소하는 "타자의 얼굴the face of the other"이라는 개념을 제시해 타자에 대한 윤리적 책임을 촉구한다. 그는 가난한 사람이나 이방인처럼 나를 바라보는 타자의 헐벗은 얼굴은 '제삼자the third party'도 동등하게 가리킨다고 설명한다. 레비나스에 따르면 타자의 얼굴은 나를 바라보는 눈 속에서 제삼자의 현존, 즉 인류 전체를 증언한다. 그러므로 나를 보고 있는 한 얼굴에 대한 나의 책임으로부터 모든 사람이 형제라는 형제애가 기원한다. 레비나스는 모든 인간의 친족 관계, 하나의 인류 종족이라는 개념은 결국 얼굴로 다가오는 타자에게로 거슬러 올라간다고 보면서, 이 사회가 형제애적인 공동체가 돼야만 한다고 강조한다.

이와 같이 레비나스는 나와 타인의 관계를 나와 직접 마주한 특정한 타인에 한정시키지 않고, '제삼자' 개념을 통해 타자에 대한 책임이 만인에 대한 포괄적·보편적 책임으로 나아가도록 한다.* 하지만 타자의 '얼굴'은 내가 현장에서 직접 마주치게 되는 단 한 명의 특정한 타인인데, 내가 대면한 이 타인의 호소에 인류 전체의 정의에 대한 요구가 함께 들어 있다는 점에서, 레비나스의 윤리는 형식적 보편성을 넘어 살과 피를 가진 보편성을 담보한다.** 레비나스의 도덕 명령은 처음부터 인류 전체를 고려하라고 하

---

* 강영안, 《레비나스의 철학: 타인의 얼굴》, 문학과지성사, 2005, 193쪽 참조.

** 김상록, 〈타자론의 입장: 레비나스와 얼굴의 윤리학〉, 《처음 읽는 윤리학》, 서울대철학사상연구소 엮음, 동녘, 2013, 258~283쪽 참조.

지 않고, 내가 지금 여기 마주하고 있는 유일무이한 이웃을 사랑하라고 하면서 이 이웃의 배후에는 늘 인류 전체가 함께한다는 점에서 인류애의 실질적 보편화에 도달하고자 한다.

철학자 장-뤽 낭시Jean-Luc Nancy 역시 저서 《무위無爲의 공동체La Communauté Désoeuvrée》에서 타인이 없는 우리 존재는 생각할 수 없다는 뜻에서 "공동-내-존재être en commun"라는 개념을 제안한다. '우리'가 없는 '나'의 존재는 애초에 없다는 뜻이다. 낭시는 우리가 실존을 나누어 가지므로 존재는 '공동 내'에 있으며 존재보다 더 공동적인 것은 없다고 한다. 우리는 존재의 공동체고 실존의 공동체인 것이다. 그는 공동체는 실존의 한 술어가 아니며, '함께-있음'은 '혼자인-존재'에 부차적으로 덧붙여지는 것이 아니라고 강조한다. 우리가 공동 '내에', 서로가 서로와 '함께' 있다는 것은 '관계로서의 존재'가 실존으로 도래하는 것을 의미한다. 낭시는 실존은 '우리가' 실존한다는 것과 분리될 수 없으므로 존재한다는 것보다 더 공동적인 것은 아무것도 없다고 설명한다.

그리스도교의 삼위일체 교리The Doctrine of Trinity는 하나님은 아버지, 아들, 성령의 세 위격을 가지며, 이 세 위격은 하나의 본성을 가진다는 교리다. 하나님은 한 분이지만 결코 홀로가 아니며 언제나 아버지, 아들, 성령이 함께 살아가며 공존한다는 것이다. 신학자 레오나르도 보프 Leonardo Boff는 《삼위일체와 사회Trinity and Society》에서 하나님의 세 위격인 아버지, 아들, 성령의 연합은 삼위일체에 본래적인 것이고 영원한 상호침투와 영원한 관계성에 의해 구성된다고 설명한다. 아버지, 아들, 성령은 선후나 우열 없이 처음부터 존재하며, 처음부터 소통하고 처음부터 연합한다는 것이다. 이러한 삼위일체 사유의 구조적 축이 되는 개념이 페리코레시스perichoresis(상호침투)다. 세 위격이 만들어내는 연합의 관계는 한 위격이 다른 위격에 의해 완전히 상호침투 되고, 한 위격이 다른 위격 안에 완전히 거하는 것을 말한다. 상호침투는 하나님 위격 사이의 공재와 공존을 의미한다. 보프는 세 위격이 각자 다른 두 위격과 분리된 채 독자적으로 존재했고 나중에야 상호침투적 관계를 갖게 된 것이 아니라 본래 영원히 서로와 연대했고, 언제나 공존했으며, 결코 떨어져 존재한 적이 없다는 점을 강조한다.

　　그동안 삼위일체에 대한 신학자들의 논의는 방대하게 이뤄져왔다. 그런데 요즘 양자물리학, 생물학, 우주론 등 과학의 발달이 만물에 대한 이해 수준을 높이면서, 많은 신학자들이 삼위일체 교리를 새로운 차원으로 이해하고 있다. 프란체스코회 수사인 리처드 로어Richard Rohr는 삼위일체에 대한 성서의 직관적 깨달음과 최첨단 과학의 발견이 서로 들어맞아 과학과 영성의 오랜 다툼이 전복되는 아름다운 일이 진행되는 중이라고 본다. 물리학자와 기독교 명상가는 모두 똑같이 현실의 기본적 본성은 관계적이고 모든 것은 다른 모든 것과 더불어 관계 속에 있다고 확증하고 있기 때문이다.[*]

로어는 예수가 제자들에게 자신을 "아버지의 아들이지만 아버지와 하나"라고 부름으로써 '관계'에 우선순위를 부여하고 있듯이, 우리도 독립된 실체가 아니라 "오직 관계 안에서만" 존재한다고 강조한다. 로어는 '구원'이란 기꺼이 "관계 속에 머물러 있을 수 있는" 능력과 의지라고 설명하며, 반대로 자신을 타인으로부터 분리시킬 때, 우리는 아프고 중독되고 악해진다고 한다. 마치 예수가 헐벗고 방어 능력이 없는 갓난아기로 이 세상에 나타난 것처럼 완전한 관계는 다른 사람이 내게 영향을 미치도록, 그가 나를 변화시키기도록 허락하는 것인데 우리 삶 속에서 다른 사람들에게 어떤 능력도 주지 않고 그들을 막아버릴 때, 우리는 영적으로 죽어버리며 악한 것과 다름없다는 것이다. 예수의 삶의 방식은 이 땅의 우리도 사랑하고 관계 맺는 삼위일체의 방식으로 살도록 초대한다고 한다. 로어는 우리

[*]   Richard Rohr, 《The Divine Dance》, SPCK Publishing, 2016 참조.

도 "절대적인 관계성absolute relatedness" 안에서 살아가므로 본질적으로 삼위일체와 같으며, 우리는 이것을 '사랑'이라고 부른다고 설명한다. 그는 이런 의미에서 우리는 사랑을 위해서 창조됐고, 하나님은 사랑이라고 강조한다.

삼위일체의 맥락에서 우리 존재의 관계적 본성을 생각한다면, 우리 삶의 가치는 얼마나 '사랑했는가?', 얼마나 '나누었는가?'에 있을 것이다. 물질적·정신적 구원은 타인을 향해 자신을 개방하고 내주는 적극적인 관계에 자리하게 된다. 미움과 차가운 마음으로 다른 사람들로부터 자신을 단절하고, 주고받는 상호성을 거절한 채 폐쇄돼 관계로부터 끊어져버릴 때 삶은 불행해진다. 자신이 가진 것을 그대로 움켜쥔 채 사람들 가운데로 순환시키지 않는 것은 삼위일체에서 설명하는 관계적 본성에 반하는 것이다. 내가 가진 것이 더 많은 사람들과 공유됨으로써 더 많은 사람이 행복해지고 더 큰 열매를 맺게 하는 것이 관계적 존재의 순리다. 레비나스와 낭시의 관계적 주체성, 삼위일체 원리는 우리가 늘 관계 속에서 공유하며 살아가야 하는 존재라는 사실을 상기시킨다. '공유'는 우리 존재의 본질이면서 행복한 삶을 위한 지표다. 우리는 공유하기 위해서 태어났다.

우리 몸은 이야기한다, 신유물론 페미니즘의 관계적 신체

돈 드릴로Don DeLillo의 《백색 소음White Noise》(1984)
은 일상 속에서 다양한 오염원에 노출된 채 화학 물질로
인한 중독을 염려하며 살아가는 현대인의 불안을 세심하
게 그린 소설이다. 특히 여주인공 바베트Babette와 두 딸
사이에 오가는 '추잉껌'에 대한 대화는 음식을 통한 중독
에 대한 두려움을 잘 포착한다. 바베트가 껌을 씹으려 하자
11살 딸인 데니스는 "그게 실험용 동물들한테 암을 유발
해요"라고 경고한다. 바베트가 무설탕 껌을 씹으라고 권했
던 것이 바로 너였다고 대답하자 데니스가 그때는 없었던
경고문이 이제는 포장에 적혀 있다고 반박한다. 바베트는
'일반 껌'은 설탕과 인공 색소가 들어 있기 때문에, '무설탕
무색소 껌'은 쥐들에게 해롭기 때문에 씹을 수 없냐며 껌
을 씹는 게 범죄는 아니라고 항변한다. 하지만 7살 딸 스테
피는 작은 껌일지라도 건강에 나쁠 수 있다고 걱정하면서
바베트에게 두 종류의 껌 모두 씹지 말라고 부탁한다. 이
는 껌 하나도 안심하고 씹을 수 없을 만큼 안전한 식품을
찾아보기 힘들어진 현실을 풍자한다. 사실 우리가 무엇을
먹을까 고민해야 하는 이유는 먹는 것이 곧 우리의 몸이
되기 때문이다.

21세기에 들어서면서 인류가 당면한 심각한 환경 위
기와 사회적 억압 구조를 고민하던 학자들은 이런 문제들

이 근본적으로 인간과 비인간, 남성과 여성, 문화와 자연, 물질과 의미를 엄격히 구분하는 이분법적 사고방식에 기인한다는 진단을 내리게 된다. 따라서 이들은 삶 속의 모든 것이 서로 얽히고 상호작용하며 관계적인 과정을 통해 존재한다고 보는 '관계적인 존재론'으로 우리의 인식론적 패러다임을 전환하자고 제안한다. 포스트휴머니즘, 신유물론 페미니즘, 인류세 페미니즘, 신유물론 생태비평 같은 최근 이론은 모두 현실의 관계적 본성을 강조하고, 인간뿐만 아니라 세계 속의 모든 것이 행위 역능과 창조성을 지닌다는 사실에 주목하는 학문적 움직임이다.

특히 스테이시 앨러이모Stacy Alaimo와 낸시 투아나 Nancy Tuana 같은 신유물론 페미니스트들은 이러한 관계적 존재론에 기초해 새로운 신체 개념을 제시한다. 앨러이모는 《말, 살, 흙Bodily Natures》에서 인간의 신체는 인간을-넘어서는-세계로 개방돼 있고 인간의 육체적 실질은 환경으로부터 분리될 수 없다는 "횡단trans-신체성 corporeality"을 주장하면서 환경과 끊임없는 상호교환 속에 있는 우리 자신을 상상하도록 독려한다. 앨러이모는 횡단-신체성은 활발한 창발이 있는 즐거움의 장소임과 동시에 고통과 유독성이 있는 위험의 장소이기도 하다고 표현한다. 투아나도 존재 간의 풍부한 상호작용이 관계성으로 주체를 구성한다는 점을 잘 이해하기 위해 우리 몸과 세계의 몸 사이의 경계는 투과성이 있다고 보는 "끈적이는 다공성viscous porosity"의 상호작용 존재론을 제안한다.[*] 이러한 다공성으로 인해 우리는 생존하는 데 필요한 산소를 호흡하고 영양분의 물질대사로 몸을 만들어가며 번영할 수 있지만, 한편으로는 우리를 해치는 것들의 침입과 공격에 취약해진다.

따라서 횡단-신체성과 끈적이는 다공성은 우리 몸이 다양한 인간·비인간 환경과 끊임없이 만나서 상호작용하며 역동적으로 창조되고 재생될 수 있는 긍정적인 가능성일 뿐만 아니라 우리가 알든 모르든 다양한 오염원이 우리 몸에 침투할 수 있고, 그런 오염원이 어떤 질병을 유발할 수 있는 위험성도 가리킨다. 요즘 우리는 음식, 공기, 물, 화장품 등 일상생활 속에서 접하는 물질을 통해서 우리 몸이 유독한 화학 물질에 중독되는 것에 대한 불안에 시달리며 살아간다. 바베트도 "매일 뉴스에 또 다른 독성 물질 유출 사고가 보도돼요. 저장 탱크에서 나온 발암 물질, 굴뚝에서 나오는 비소, 발전소에서 나오는 방사능 오염수"라고 탄식하며 이런 독성 물질이 적은 양이지만 매일 우리 몸에 침투하기 때문에 통제할 수 있어 보이지만, 무

---

[*] Nancy Tuana, 「Viscous Porosity」, 《Material Feminisms》, Ed. Stacy Alaimo, Susan Hekman, Indiana University Press, 2008, pp. 188~213 참조.

시할 수 없다고 경각심을 보인다.

하나의 독성 물질은 생산자, 생산된 부지, 그것을 섭취하는 식물과 동물의 연결망을 이동하면서 모두 중독시킨다. 따라서 앨러이모는 우리의 안녕이 지구의 다른 존재들의 안녕으로부터 단절될 수 없다고 강조한다. 그녀는 우리의 자아를 구성하는 물질 자체가 방대한 생물학적·경제적·산업적 시스템과 상호 연결돼 있다고 지적하면서 경제적·정치적·문화적·과학적·물질적 연결망과 불가분하게 얽혀 있는 "물질적 자아" 개념을 제안한다. 같은 맥락에서 신유물론 생태비평을 전개하는 서필 오퍼만Serpil Oppermann도 우리 몸을 물질적 실천, 사회적·정치적·경제적 결정과 자연적 과정이 깊이 얽혀 있는 "물질적인 텍스트", 자연문화적인 이야기들을 자세히 들려주고 있는 "살아 있는 텍스트"라고 읽는다.* 그녀는 우리 몸을 다양한 물질과 담론이 충돌하는 방대한 "기록보관소"에 비유하면서 "몸들은 이야기들을 말한다"라고 설명한다.

이제 우리는 우리 자신의 관계적인 몸이 들려주는 이야기에 관심을 갖고 귀를 기울임으로써 지구적 규모의 환경 문제에 대한 윤리적·사회적 의식으로 나아가야 한다.

---

*   Serenella Iovino, Serpil Oppermann, 《Material Ecocriticism》, Indiana Universite Press, 2014 참조.

모든 삶은 만남이다, 캐런 바라드의 존재의 분리불가능성

"모든 현실적 삶은 만남이다. 그리고 각 만남은 중요하다." 신유물론 페미니즘을 대표하는 과학이론가 캐런 바라드Karen Barad는 저서 《우주를 중간에서 만나기》에서 이렇게 말한다. 그녀는 닐스 보어Niels Bohr의 양자물리학 이론을 발전시킨 행위적 실재론을 새로운 인식론적, 존재론적, 윤리적 틀로 제안한다. '관계적 존재론relational ontology'에 기초한 이 이론은 '분리'를 세계가 존재하는 방식의 본질적 특성으로 여기지 않는다. 바라드는 본질적으로 관계성과 얽힘entanglements으로 존재하는 현실 세계를 설명하며 우리로 하여금 물리학적 관점에서 '존재의 분리불가능성'과 '공간의 분리불가능성'에 대해 깨닫게 해준다. 행위적 실재론에서 존재의 기본 단위는 본질적 경계와 속성을 지닌 독립된 '사물'이 아니라 '현상phenomena'이다. 이런 현상이 세계를 구성한다. 따라서 현상은 가장 작은 물질 단위, 즉 '관계적 원자relational atoms'라고 할 수 있다. 현상은 다양한 인간과 비인간 행위자들의 존재의 분리불가능성과 얽힘을, 세계의 계속 진행 중인 재형성과 역동적인 관계성을 의미한다.

행위적 실재론에서 '물질'은 능동적인 행위자성을 지닌다. 세계는 여러 행위자의 역동적인 내부적intra-상호작용action을 통해서 물질화된다. 미리 존재하는 독립된 개체들을 전제하는 통상의 '상호작용interaction'과 달리 현상 내부의 구성 요소의 상호작용이라는 의미에서 '내부적-상호작용'이라고 한다. 세계는 이런 내부적-상호작용의 역동적인 과정이다. 따라서 인간도 사물도 본질적 경계와 속성에 따라 분리돼 있지 않고 끊임없는 내부적-상호작용 속에서 계속 재형성된다. 바라드는 신체가 세상 안에 위치하는 것이 아니라 세계와 함께 또는 세계의 일부로서 구성된다고 설명한다. 그녀는 신체가 단순히 특정한 환경 안에 놓이는 것이 아니라 신체와 환경은 내부적-상호작용으로 함께 구성되는 것이라고 강조한다.

그녀는 생존을 위해 끊임없이 신체 경계를 바꾸는 거미불가사리brittlestar라는 흥미로운 생명체를 사례로 든다. 거미불가사리는 뇌도 눈도 없지만 골격 시스템이 시각 시스템으로도 기능하기 때문에 그 자체가 '눈'인 셈이다. 놀랍게도 거미불가사리는 포식자에게 잡아먹힐 위험에 처하면, 위험에 빠진 신체 부분을 끊어 버리고 그 부분을 재생한다. 주변 현실을 분별하며 환경의 조각을 자신의 내부에 감싸기도 하고 자신의 부분을 환경 속으로 쫓아내기도 하는 이 존재 방식은 우리에게도 암시하는 바가 크다. 우리도 생존과 번영을 위해 계속해서 '경계-그리기' 실천을 시행하며 신체 경계를 재작업해나간다고 볼 수 있다.

여기서 바라드는 "단일한 유기체a single organism로 설명되려면 신체 부분들의 인접성contiguity이 요구되는가?"라고 질문하고는 "연속성connectivity은 물질적 인접성을 요구하지 않는다"고 답변하며 "얽혀 있는 상태에 있으면서 공간적으로 분리된 입자들"은 "동일한 현상들의 일부"이기 때문에 분리된 정체성을 갖지 않는다고 주장한다. 바라드의 말은 때로는 우리가 사랑하는 연인이나 가족, 친구들과 물리적으로 인접해 있지 않을 때에도 '한몸'처럼 느끼는 이유를 논리적으로 설명해준다. 몸은 멀리 떨어져 있어도 마음은 통하는 사람들과 '이심전심'으로 즉시 소통이 일어나는 경험을 할 때도 있다. 바라드는 이러한 즉시 소통 가능성에 대해서도 지금부터 살펴볼 보어와 EPR 논쟁에 대한 해석을 통해 우리를 과학적으로 납득시켜준다.

양자이론의 전일성 원리에 따르면, 전체 안에 있는 개체는 서로 결합돼 영향을 주고받기 때문에 한 개체에 벌어진 사건은 다른 개체에게도 현재적이다. 실험실에서 행한 A에 대한 측정이 지구 저편에 있는 B의 상태에 즉시 영향을 줄 수 있다는 것이다. 본래 양자이론을 반박하기 위해 1930년대에 아인슈타인Einstein이 포돌스키Podolsky와 로젠Rosen과 더불어 행했던 EPR 실험은 오히려 이런 전일성의 원리를 입증했다. 물리학자들은 언급하길, 사실 아인슈타인은 이 EPR 논문을 통해 양자역학이 공간적으로 분리된 상태들이 '즉시 서로 소통하도록' 해주기 때문에 자

신의 특별 상대성 이론을 위반한다는 것에 대한 불쾌감을
표현하고 있다고 한다.

하지만 바라드는 여기서 더 나아가 아인슈타인의 염
려는 근본적으로 그의 믿음인 공간의 분리가능성에 대한
위반과 관련이 있다고 지적한다. 아인슈타인에게 공간적
분리는 존재의 분리가능성을 보장한다. 그런데 바라드는
보어는 이런 믿음 자체를 공유하지 않았기 때문에 아인슈
타인의 염려가 문제될 것이 없었다고 논술한다. 보어에게
"공간적으로 분리된 시스템 사이의 즉시 소통"은 이 분리
된 상태가 실제로는 전혀 분리되지 않고 오히려 "한 현상
의 '부분'"이라는 사실에 의해 설명된다는 것이다. 바라드
는 EPR 논문에 대한 재해석을 통해 공간의 분리불가능성,
존재의 분리불가능성을 강조한다.

이렇게 우리가 존재론적으로 분리불가능 하다면 어
떤 책임을 져야 할까? 윤리란 얽혀 있는 연결망 속에서 우
리의 부분에 대해 책임지는 것이다. 바라드는 우리가 세
계의 외부적 관찰자가 아니라 우주의 행위자적인 일부이
므로, 우리의 다른 실천은 다른 차이를 생산한다고 강조한
다. 매 순간은 새로운 가능성과 새로운 만남으로 활기를
띠며, 우리는 이런 가능성에 응답해야 한다는 것이다. 바
라드는 우리가 한순간도 혼자 존재하지 않으며 윤리로부
터 벗어날 길은 없다고 강조하면서, 윤리적 요청이란 매

순간을 만나는 것이자 생성의 가능성에 민감한 것이라고
설명한다.

나가며 도래하는 공유의 공동체

나 같은 지독한 에고이스트가 '공유'를 주제로 책을 쓰게 된 것이 흥미롭다. '함께하는 것'의 본질적 중요성은 내가 철이 들어가면서 깨닫게 된 중요한 지혜이자 진리이기 때문이다. 이 책이 내게 찾아온 것은 이 책이 당신에게 찾아가는 것만큼이나 신비로운 섭리인 것 같다.

최근의 공동체 담론은 조르주 바타유Georges Bataille에 의해 '연인들의 공동체', '어떤 공동체도 이루지 못한 자들의 공동체' 또는 '부재의 공동체'라고 불리는 공동체 없는 공동체의 사유에 집중돼 있는 듯하다. 낭시의 '무위의 공동체'와 이에 대한 화답인 모리스 블랑쇼Maurice Blanchot의 '밝힐 수 없는 공동체'는 모두 그 구성원이 독특한 존재로서 서로 '공동-내-존재'라는 사실 자체만을 공유하고 교감하며 소통할 뿐 어떠한 내재성이나 목적, 체계적 조직화도 공유하지 않는 규정할 수 없는 공동체, 공동체 아닌 공동체다. 블랑쇼는 마치 연인의 공동체가 전통적 형식이나 사회적 승인을 염두에 두지 않고 우연에 의해 시작됐다가 우연에 의해 끝나듯이, 공동체는 존재하면서

도 존재한 적이 없는 듯이, 영원히 일시적으로, 빈자리로 현전한다고 표현한다.[*]

낭시와 블랑쇼의 영향을 뚜렷이 받은 것으로 보이는 조르조 아감벤Giorgio Agamben의 '도래하는 공동체' 역시 확정된 소명이 부재하는 규정할 수 없는 공동체다.[**] 이러한 공동체는 '이미 존재하는 공동체'의 유지와 보존을 위해 유기체를 조직화하지 않으며, 미래의 이상적 공동체의 실현이라는 '이미 존재하는 목적'을 위해 개인에게 역할을 분배하지도 않기 때문에 낭시와 블랑쇼는 예술적 공동체, '문학적 공동체'로 지칭하기도 한다.[***]

낭시에게 철학과 문학, 정치와 공동체의 임무는 공동-내-존재를 노출시키는 것이다. 하지만 그는 어떤 확정된 목적과 본질이 부여된 채 거기에 맞게 조직되고 개인들의 역할이 배분되는 완성된 공동체를 거부한다. 대신 '공동체 없는 공동체', 능동성 가운데 아무것도 하지 않는 '무위의 공동체'를 제안한다. 이런 공동체는 끊임없이 도래하

[*]   모리스 블랑쇼, 《밝힐 수 없는 공동체》, 박준상 옮김, 문학과지
       성사, 2005 참조.

[**]   조르조 아감벤, 《도래하는 공동체》, 이경진 옮김, 꾸리에, 2014
       참조.

[***] 진은영, 「니체와 문학적 공동체」, 《니체연구》 20권, 2011,
       7~37쪽 참조.

고 있다는 점에서 '도래해야 할' 어떤 것이며, 개인의 형태를 고정시키는 완성을 '능동적 무위'로써 넘어서려는 움직임이다. 전체주의 사회처럼 개인의 형태가 어떤 내재적 소명을 지닌 기성 공동체를 유지하고 보존하기 위해 한계가 지어져서는 안 된다. 개인도 공동체도 한계가 없어야 한다. 공동체는 늘 규정할 수 없는 공동체, 항상 도래하고 있는 공동체여야만 한다.

나는 이 시대에 정보, 경제, 거주, 예술 등 다양한 방면에서 공유의 주체로 자발적으로 나서는 개인들로부터 도래하는 공동체의 모습을 발견한다. 이들은 거창한 소명을 내걸고 있지도 확립된 조직도 없지만 공유의 실천을 통해 우리가 공동-내-존재라는 사실을 교감하고 소통한다. 또한 이 공동체는 공동체의 명분으로 각자의 개성과 고유한 삶의 방식을 규정하려 들지 않는다. 공유경제, 정보공유, 코하우징, 협동 창작의 공동체는 하나의 사건처럼 도래하는 공동체 아닌 공동체며, 다만 우리가 실존을 공유하고 있다는 진실을 마주하게 해주는 무위의 공동체다.

이런 맥락에서 피에르 레비는 '지식의 공간'을 어디에 존재하지도 실현되지도 않은 '유토피아'로 표현한다. 그는 '지식의 공간'은 실현되진 않았지만, 이미 잠재적이고 태어나려고 대기 중인 곳 또는 이미 존재하지만 감춰지고 분산돼 여기저기에 뻗어 있는 곳이라고 묘사한다. 지상의 영토에는 국경과 위계질서가 있지만 지식의 공간은 지위도 경계선도 없이 계속되는 범세계적인 공간, 언제나 발생 상태에 있고 역동적인 재구성을 통해 끊임없이 새롭게 부상하는 공간이다. 따라서 지성의 공동체들은 영토로부터 도망치고 상품 네트워크에서 벗어나 이 지식의 공간을 향해 달려온다는 것이다. 아마도 공유의 공동체는 영토 위가 아니라 경계선도 제한도 없는 공간 위에서 항상 태어나고 있고 항상 변신하며 숨어 있는 공동체일 것이다. 공유의 공동체는 부재하면서 현전하는 잠재성의 공동체일 것이다.

철학자 폴 리쾨르Paul Ricoeur는 윤리적인 목표란 정의로운 제도 속에서 타인과 함께하는, 타인을 위한 '좋은 삶'이라고 정의한다.* '좋은 삶'이란 아리스토텔레스의 표현이다. 아리스토텔레스는 《니코마코스윤리학》에서 우정을 찬양하며, 우정의 상호적 관계로부터 더불어-살기의 공동 모색으로 나아간다. 우정의 상호성은 상대방을 실리적인 이익 때문이 아니라 있는 그대로의 모습으로 좋아하는 것이므로, 우정은 윤리적인 차원을 갖는다. 중요한 점은 일찍이 아리스토텔레스가 정의한 '잘 사는 것'에는 상

---

* 폴 리쾨르, 《타자로서 자기 자신》, 김웅권 옮김, 동문선, 2006 참조.

호성과 공유, 더불어-살기의 윤리가 포함돼 있다는 사실이다. 내가 '잘 산다'는 목표에는 이미 타인과 더불어 잘 산다는 윤리학이 함축돼 있다. 눈앞의 이익을 기대해서가 아니라 타인을 있는 그대로 좋아하기 때문에 그들과 가진 것을 공유하는 것은 바로 '내'가 좋은 삶을 사는 방편이다. 오늘 내가 실천하는 작은 '공유' 행위에는 더불어-살기를 모색하는 윤리적 차원이 존재하며, 그곳에 공동체가 아닌 공동체가 도래하고 있다.

참고문헌

김미애 외, 《유쾌한 셰어하우스》, 올댓북스, 2014.

김순배, 「디지털 문학과 미학적 존재론」, 《비평과 이론》
22권 2호, 2017.

김연숙, 「레비나스의 에로스론 연구」, 《동서철학연구》 제71호,
2014, 489~509쪽.

김은령, 《포스트 휴머니즘의 미학》, 그린비, 2014.

김재희, 《시몽동의 기술철학》, 아카넷, 2017.

김하나, 황선우, 《여자 둘이 살고 있습니다》,
위즈덤하우스, 2019.

권기철, 「에로스 - 필리아 - 아가페 - 로츠(J. B. Lotz)의 사랑의
세 단계 - 」, 《가톨릭철학》 제4권, 2002.

레이철 보츠먼, 《신뢰 이동》, 문희경 옮김, 흐름출판, 2019.

레이철 보츠먼·루 로저스, 《위 제너레이션》, 이은진 옮김,
모멘텀, 2011.

로버트 액설로드, 《협력의 진화》, 이경식 옮김, 시스테마, 2009.

류현수, 《마을을 품은 집, 공동체를 짓다》, 예문, 2019.

리처드 M. 티트머스, 《선물 관계》, 김윤태·윤태호·정백근 옮김,
이학사, 2019.

린 마굴리스, 《공생자 행성》, 이한음 옮김, 사이언스북스, 2007.

모리스 블랑쇼·장 – 뤽 낭시, 《밝힐 수 없는 공동체, 마주한
공동체》, 박준상 옮김, 문학과지성사, 2005.

아베 다마에·모하라 나오미, 《함께 살아서 좋아》, 김윤수 옮김,
이지북, 2014.

앨릭스 스테파니, 《공유경제는 어떻게 비즈니스가 되는가》,
위대선 옮김, 한스미디어, 2015.

엘리너 오스트롬, 《공유의 비극을 넘어》, 윤홍근, 안도경 옮김,
알에이치코리아, 2010.

위르겐 타우츠, 《경이로운 꿀벌의 세계》, 유영미 옮김,
이치사이언스, 2009.

장-뤽 낭시, 《무위無爲의 공동체》, 박준상 옮김,
인간사랑, 2010.

조규형, 《선물》, 세창출판사, 2017.

최영, 《공유와 협력, 소셜 미디어 네트워크 패러다임》, 커뮤니케이션북스, 2013년.

최재천, 《호모 심비우스》, 이음, 2011.

피에르 레비, 《집단지성》, 권수경 옮김, 문학과지성사, 2002.

피터 싱어, 《효율적 이타주의자》, 이재경 옮김, 21세기북스, 2016.

Emmanuel Lévinas, 《Totality and Infinity》, Trans. Alphonso Lingis, Duquesne University Press, 2002.

Emmanuel Lévinas·Philippe Nemo, 《Ethics and Infinity》, Trans. Richard A. Cohen, Duquesne University Press, 1985.

Erich Fromm, 《To Have or to Be?》, Continuum, 1997.

Hannah Arendt, 《Lectures on Kant's Political Philosophy》, Ed. Ronald Beiner, The University of Chicago Press, 1982.

Jacques Derrida, 《Dissemination》, Trans. Barbara Johnson, The University of Chicago Press, 1981.

Karen Barad, 《Meeting the Universe Halfway》, Duke University Press, 2007.

Michael Hardt, «Antonio Negri, Multitude», Penguin, 2005.

Neil Postman, «Technopoly», Vintage, 1992.

Richard Rohr, «The Divine Dance», SPCK Publishing, 2016.

Stacy Alaimo, «Bodily Natures», Indiana University Press, 2010.

Stacy Alaimo, Susan Hekman, «Material Feminisms», Indiana University Press, 2008,

Virginia Woolf, «Mrs Dalloway», Penguin Classics, 1992.

배반인문학

공유

1판 1쇄 발행 2021년 7월 12일

지은이 · 박신현
펴낸이 · 주연선

총괄이사 · 이진희
책임편집 · 한재현
저작권 · 이혜명
표지 및 본문 디자인 · 박민수
마케팅 · 장병수 김진겸 강원모 정혜윤
관리 · 김두만 유효정 박초희

(주)은행나무
04035 서울특별시 마포구 양화로11길 54
전화 · 02)3143-0651~3 | 팩스 · 02)3143-0654
신고번호 · 제 1997—000168호(1997. 12. 12)
www.ehbook.co.kr
ehbook@ehbook.co.kr

잘못된 책은 바꿔드립니다.

ISBN 979-11-6737-038-9 (04100)
ISBN 979-11-6737-005-1 (세트)